ベーシック
現代の日本語学

日野資成［著］

A Basic Guide
to Contemporary
Japanese Linguistics

まえがき

　私は神奈川県の高校で14年間国語を教えました。その間に、日本語についての論文を書こうと思い立ったのですが、何を書いたらいいのか全くわからない状態でした。そこで、40歳になった年、不惑の年なのに惑いながら、アメリカ留学を決意しました。

　アメリカでは、アメリカ人の学生に日本語を教えました。日本で国語を教えたときとは大違いで、一から教えなければならず、毎日格闘の連続でした。学生から「『お湯を沸かす』はどうして『水を沸かす』ではないのですか」と聞かれて困ったこともありました（この答えは第8章の「はじめに」(137ページ)にありますので見てください）。しかし、日本語を外国語として見るよい機会になりました。アメリカでは言語学も学び、外国語と比べることによって日本語を客観的に見ることができるようになりました。日本語を外から見る視点ができたことは留学の貴重な財産となりました。

　そして帰国後の1999年、福岡女学院大学人文学部で日本語学を教え始め、現在に至っています。その間、2007年度には学外研修の機会にも恵まれ、日本語に対する視野がさらに広がりました。

　この本は、福岡女学院大学人文学部のさまざまな講義で教えた内容にもとづいています。それぞれの講義の中では、折に触れて学生にアンケートを取り、感想・要望・質問などを受けました。その中には、「方言はなぜできたのですか」などといった素朴な疑問もありました（これに対する私の答えは、第11章の「2.1 方言の区画」(192ページ)にありますので見てください）。このように、学生からのコメントを反映させながら少しずつ書き足していって、現在の本ができました。

　この本は、日本語学をこれから学ぼうとする大学生を対象にした、日本語学への入門書です。日本語をわかりやすく、楽しく解説しました。分野は多

岐にわたりますが、それぞれの章は比較的短く、学生の興味を引く新しい内容を取り入れました。各章の終わりには、キーワード・推薦図書・練習問題を載せました。以下に各章のまとめを掲げます。

第1章「はじめに」では、人間のことばと動物のコミュニケーションの違い、脳とことばの関係、日本語とは何か、日本語はどこから来たのか、などの話題に触れました。

第2章「音声学」では、発声のメカニズム、日本語の音声の特徴（アクセント・母音の無声化・ガ行鼻濁音など）について述べました。「音声学」は実際の発音を記述します。

第3章「音韻論」では、音素や弁別特徴を使って、日本語の音韻や音韻変化を記述しました。「音韻論」は科学的、体系的に音韻を記述します。

第4章「文字」では、世界の文字（四大文明発祥の地でできた文字）と日本語の文字の歴史を概観し、特に表意文字から表音文字に至る過程に注目しました。

第5章「意味論」では、類義語、対義語などの意味分析の方法、文の意味分析の方法、意味特徴を使った意味分析の方法などを具体的に示しました。

第6章「語用論」では、グライスによる会話の格言・会話行為・ポライトネス理論を紹介し、日本とアメリカでは、丁寧さの解釈が違うことを示しました。

第7章「国文法」では、橋本文法を中心として、日本人対象の学校文法を紹介しました。日本語の文を図式化することによって日本語の文の構造がわかります。

第8章「日本語文法」では、外国人の日本語学習者対象の日本語文法を紹介しました。日本語文法を勉強することは、日本語を外国語として見るよい機会となります。

第9章「敬語」では、敬語のメカニズムについて解説するとともに、敬語が使われる場面を具体例とともに紹介しました。敬語の五分類についても触れました。

第10章「ことばの変化」では、ことばの変化に注目し、日本語の語種の

変化、語彙化、音の変化、意味の変化、文法の変化を取り上げました。

　第11章「社会言語学」では、ことばを社会の中でとらえ、方言、ジャーゴン、スラングなどに加えて、新語流行語大賞、サラリーマン川柳などを取り上げました。

　第12章「ことば遊び」では、日本人が伝統的に培ってきた掛詞、回文、折り句、早口ことば、しりとり、なぞなぞを紹介しました。

　最後に、この本の草稿の段階に目を通してくださり、力強い励ましのことばをいただいた、私の恩師である故森岡健二先生に心から感謝申し上げます。先生の温かい励ましのことばなくして、この本はありえませんでした。また、この本の出版を快くお引き受けくださったひつじ書房の松本功さん、出版・編集にご尽力くださったアシスタントの細間理美さんに心より感謝申し上げます。この本をきっかけにして、みなさんが日本語学に少しでも興味を持つことができたらうれしく思います。

2009年3月24日
日野資成

目次

まえがき　　　　　　　　　　　　　　　　　　　　　　i

第1章　はじめに　　　　　　　　　　　　　　　　　　1
　　1.　「ことば」とは何か　　　　　　　　　　　　　1
　　2.　ことばは脳のどこにあるのか　　　　　　　　　7
　　3.　「日本語」とは何か　　　　　　　　　　　　　10
　　4.　日本語はどこから来たのか　　　　　　　　　　12
　　5.　おわりに　学問研究の立場　　　　　　　　　　15

第2章　音声学　　　　　　　　　　　　　　　　　　　21
　　1.　はじめに　音声とは何か　　　　　　　　　　　21
　　2.　調音　　　　　　　　　　　　　　　　　　　　22
　　3.　日本語の音声の特徴　　　　　　　　　　　　　27
　　4.　おわりに　　　　　　　　　　　　　　　　　　33

第3章　音韻論　　　　　　　　　　　　　　　　　　　37
　　1.　はじめに　音声と音韻　　　　　　　　　　　　37
　　2.　音素と異音　　　　　　　　　　　　　　　　　38
　　3.　音素リスト　　　　　　　　　　　　　　　　　40
　　4.　日本語の音素（その他）　　　　　　　　　　　43
　　5.　弁別特徴　　　　　　　　　　　　　　　　　　44
　　6.　音韻変化　　　　　　　　　　　　　　　　　　45
　　7.　おわりに　　　　　　　　　　　　　　　　　　50

第4章　文字　　　　　　　　　　　　　　　　　　　　55
　　1.　はじめに　文字とは何か　　　　　　　　　　　55
　　2.　世界の文字　　　　　　　　　　　　　　　　　56
　　3.　日本人が使う文字　　　　　　　　　　　　　　62

    4. おわりに　　　　　　　　　　　　　　　　　　　　　72

第5章　意味論　　　　　　　　　　　　　　　　　　77

    1. はじめに　意味とは何か　　　　　　　　　　　　77
    2. ことばの意味の記述方法　　　　　　　　　　　　78
    3. 概念体系としての意味を考える　　　　　　　　　87
    4. おわりに　　　　　　　　　　　　　　　　　　　　92

第6章　語用論　　　　　　　　　　　　　　　　　　97

    1. はじめに　語用論とは何か　　　　　　　　　　　97
    2. 文の語用論的解釈　　　　　　　　　　　　　　　98
    3. 語用論が問題にする具体例　　　　　　　　　　　99
    4. グライスによる会話の格言　　　　　　　　　　　100
    5. 会話行為　　　　　　　　　　　　　　　　　　　101
    6. 丁寧表現　　　　　　　　　　　　　　　　　　　103
    7. 語用論標識　　　　　　　　　　　　　　　　　　108
    8. おわりに　　　　　　　　　　　　　　　　　　　110

第7章　国文法　　　　　　　　　　　　　　　　　　115

    1. はじめに　文法とは何か　　　　　　　　　　　　115
    2. 文法の単位　　　　　　　　　　　　　　　　　　116
    3. 品詞　　　　　　　　　　　　　　　　　　　　　119
    4. 文の図式化　　　　　　　　　　　　　　　　　　128
    5. おわりに　　　　　　　　　　　　　　　　　　　131

第8章　日本語文法　　　　　　　　　　　　　　　　137

    1. はじめに　日本語文法とは何か　　　　　　　　　137
    2. 名詞　　　　　　　　　　　　　　　　　　　　　139
    3. 形容詞　　　　　　　　　　　　　　　　　　　　139
    4. 連体詞　　　　　　　　　　　　　　　　　　　　141
    5. 副詞　　　　　　　　　　　　　　　　　　　　　141
    6. 動詞　　　　　　　　　　　　　　　　　　　　　142
    7. おわりに　　　　　　　　　　　　　　　　　　　152

第9章　敬語　　157

1. はじめに　敬語とは何か　　157
2. 敬語の分類　　158
3. 敬語が使われる場面　　162
4. 世界の敬語　　164
5. おわりに　　167

第10章　ことばの変化　　173

1. はじめに　　173
2. 語の種類の変化　　173
3. 語彙化(lexicalization)　　176
4. 音の変化(sound change)　　179
5. 意味の変化　　182
6. 文法の変化　　183
7. おわりに　　186

第11章　社会言語学　　191

1. はじめに　社会言語学とは何か　　191
2. 方言　　191
3. 社会階級とことば　　198
4. その他、社会を反映することば　　201
5. おわりに　　204

第12章　ことば遊び　　209

1. はじめに　　209
2. ことば遊び　　209
3. おわりに　　219

索引　　223

第1章　はじめに

1.「ことば」とは何か

　「ことばって何だろう」。こんなことは、ふだんあまり考えたことがないと思います。それほど当たり前のように毎日使っているのがことばということになるのでしょう。しかし、ことばは人と人とのコミュニケーションにとって欠かせない手段です。人と気持ちよく挨拶したり、今日の晩御飯は何にしようかと話し合ったり、むずかしい政治の議論をしたりと、さまざまな場面でことばは使われています。はじめに、「ことばとは何か」について考えてみることにしましょう。

　「ことば」を辞書で引くと<u>「人間が感情、意志を伝え合うために使う音声や文字」</u>と出てきます。ことばは、人間だけが持つ特権であって、人間以外の動物が意志を伝え合うコミュニケーションは「ことば」と言えないのでしょうか。

　はじめに、人間のことばと動物のコミュニケーションを比べることによって、人間のことばの特性を明らかにしていきましょう。では、その特性を箇条書きにします。

①ものとの関係が自由である（恣意性）

　人間のことばは、ことばによって指し示される「もの」(実体) との関係が自由です（「恣意的」ともいいます）。つまり、「もの」とことばには、つながりがありません。人間のことばが持っているこの特性を**恣意性**（arbitrariness）といいます。ですから、教室にある実物の机（もの）を、「机」というこ

とばでなく「いす」と呼ぼうと決めれば、「いす」と呼んでもよいわけです。指される実体が同じでも、それを指す語が言語共同体によって違うのは、この特性によるものです。たとえば同じ「犬」という実体を、英語では dog、ドイツ語では Hund といいます。これは、「犬」という実体に対して、言語共同体ごとに自由にことばを当てた結果できたものです。この恣意性は、人間にとってとても便利な特性です。

　もし、ものとことばが密接につながっていたらどうなるでしょうか。

大きい人　小さい人　なが——い髪

　大きいものは、大きく強い筆圧で書いたり、大声で強く言わなければならなかったり、長いものは、長く書いたり、長い単語を使わなければならなかったりすることになります。これはたいへん不便です。

　ものとことばが恣意的である例として、数字を挙げます。「いち」「じゅう」「ひゃく」「せん」「まん」「おく」「ちょう」のように小さな数から大きな数まで、基本的には二拍で表すことができます。大きな数だからといって大きなエネルギーを必要としません。

　動物の中で、ミツバチはダンスによって蜜源までの距離と方向を示すことができます。回るダンスは蜜源まで5メートル以内、8の字ダンスは蜜源が5メートルから20メートル、尻振りダンスは蜜源が20メートル以上離れていることを示します。この場合、三つのダンス（人間の「ことば」に当たる）と蜜源までの距離（もの）に相関関係はなさそうなので、恣意的と言えるかも知れません。しかし一方で、ミツバチは蜜源の質がよければよいほど、それを知らせるのにより強く、より早く踊ることも報告されています。この場合、蜜源の質（もの）とミツバチのダンス（ことば）とは密接につながっていることになります。

②ものやことがらをを指し示す（指示性）

　①で、ものとことばは恣意的であると述べました。しかし、ものとことばはいったん結びつくと切っても切れない関係になります。たとえば、「机」ということばは、実際にある机と密接に結びついています。ですから、わた

したちは机を指して（指示して）、「机」と呼ぶことができるわけです。この**指示性**（indexicality）は、人間にとって非常に重要なことばの特性です。動物はものを指し示すことはできません。

　もし、ものに名前がなかったらどうなるでしょう。たとえば、人間の顔には口や鼻がありますが、「口」や「鼻」ということばがなかったら、それらを指して言うことができなくなるだけでなく、漠然と顔を見るだけで、口や鼻の区別がしにくくなるでしょう。人間の顔の中の口や鼻は、正月の福笑いのように取り外しできるものではなく、よく見ると、実はその境界はあいまいです（鏡で自分の顔を見て確かめてみましょう）。ところが、「口」とか「鼻」ということばがあることによって、口や鼻を指すことができるだけでなく、それらが顔の中であたかも独立してあるかのような錯覚に陥る。つまり、ことばがものをあらしめているわけで、これをことばのマジックと言う人もいます（鈴木 1973）。これは種も仕掛けもないマジックですが、このおかげでわたしたちは、口や鼻を指して話すことができるのです。

　ヘレンケラーは、ものに名前があることを知らなかったとき、世界は混沌としていた、と言っています。彼女はある日、サリバン先生に連れられて井戸小屋に行きました。そのとき先生は、ほとばしる冷たい井戸の水をヘレンの一方の手に感じさせると同時に、もう一方の手にWATERとつづりました。そのときはじめて、ヘレンケラーは「今左手に流れている冷たいものがWATERという名前なんだ。ものには名前があるんだ」ということを悟りました。そのときから彼女は、息せき切ったように次々にことばを覚えていきました。そして彼女はさらに、「愛」とか「考える」とかいった抽象的なことばも理解できるようになり、やがて、ことばで考え、表現できるようになりました。人間は、外界にあるさまざまな「もの」に名前を付け、それによって世界をわかりやすく切り取り、さらにことばによって考えることができるのです。

③**新しいメッセージを作り出すことができる（創造性）**
　人間の赤ちゃんは、生まれてから6箇月ぐらいたつと、まず、「バブバブ」と書かれる音で発声練習をするようになります。この時期を**喃語期**（babbling

stage）といいます。続いて一語だけで言いたいことを伝えようとする**一語文期**（one-word stage）、二語で伝える**二語文期**（two-word stage）を経て、電報のように助詞・助動詞を省いて要点だけを伝える**電報文期**（telegraphic stage）に至ります。電報文、たとえば「私、水、飲む」は「私は水が飲みたい」という意味ですが、これは、日本語の語順「主語（Subject）・目的語（Object）・述語（Verb）」に合致しており、この時期には日本語の語順が確立します。そして、この時期を過ぎると、四語文期などという時期を飛び越えて、一気にことばがしゃべれるようになります。限られた語彙で無限の文を生み出すことができる**創造性**（creativity）は、人間だけが持っている特性です。

　こんな実験があります。ベルベットモンキーは、ヘビが身に迫ってきたときはチャッタ、ワシが身に迫ってきたときはラウプといって仲間に危険を知らせます。そこで、ある言語学者は、もしベルベットモンキーに創造性があるならば、ヘビのようなものが空を飛んでやってきたら、チャッタラウプというだろうという仮説を立てました。そして、ヘビを突然ベルベットモンキーの頭上に出現させる実験をしました。しかし、何度繰り返しても、ベルベットモンキーは危険を知らせる新しい信号を作ることはできませんでした。人間だったら、同じ状況で、今まで作ったこともないような「空飛ぶヘビだ！」という文を苦もなく作るでしょう。

④学習によって身につけられる（学習性）

　いくら人間が先天的にことばの能力を身につけているといっても、生まれてから全くことばに接しなければ、ことばを話すようにはなりません。人間の赤ちゃんは、まわりの人の声、特にお母さんが愛情豊かに話しかける**母親語**（motherese）を聞いてことばを覚えていきます。日本で生まれて日本で育った赤ちゃんは日本語を、アメリカで生まれてアメリカで育った赤ちゃんは英語をしゃべるようになりますが、これは、それぞれの国の赤ちゃんが、学習によってことばを身につけたことを示すもので、**学習性**（learnability）は人間のことばの持つ特性の一つです。

　一方、動物のコミュニケーション能力はほとんどが先天的に備わっています。しかし、ある種の鳥に方言があるという学者もいます。もしそれが正し

ければ、学習によって鳴き方が身につけられたことになりますが、はっきり方言があるとは断定できないようです。チンパンジーに手話を教えたという実験もありますが、どこまで使いこなせたかは定かではありません。

⑤空間や時間を置き換えることができる(置換性)

　人間は、ことばを使って、現在目の前で起こっている出来事だけでなく、現在いる場所以外のことについても話すことができ(場所の置き換え)、現在だけでなく、過去や未来のことを話すことができます(時間の置き換え)。さらに人間は、具体的な目に見える世界だけでなく、心や考えをことばで置き換えることもできます。これを**置換性**(displacement)といいます。

　一方動物のコミュニケーションは、ほとんどが眼前に起きている出来事に限られ、その内容も、敵を威嚇したり、仲間に危険を知らせたり、親に食べ物をねだったり、異性をひきつけたりするなど、本能的なことに限られています。しかし、①で述べたミツバチのダンスの場合、「ここ」(巣)ではなくて離れた場所(蜜源)を教えることができるから、これは「置き換え」の特性といえそうです。ただし、ミツバチのコミュニケーションの「置き換え」は非常に限られています。確かにミツバチは仲間を蜜の場所に連れて行くことはできますが、それは、一番新しい蜜の場所に限られます。ミツバチのコミュニケーションは、「先週行った町の反対側にあるおいしいバラの蜜」を伝えることもできないし、まして「ミツバチ天国にある未来の蜜」を伝えることもできません。

⑥二つのレベルを同時に持っている(二重性)

　人間のことばは、二つのレベルを同時に持っています。この特性を**二重性**(duality)といいます。たとえば、「ねこ」を「ね」「こ」と、別々に発音すると、それぞれの音は単なる物理的音のレベルですが、これを組み合わせると「ねこ」と「コネ」など単語のレベルになります。つまり、一つのレベル(「ね」と「こ」)では全くちがう音、もう一つのレベル(「ねこ」と「コネ」)では全く違う意味になるわけです。これは、とても経済的な特性といえます。限られた音で多くの組み合わせができて、それによって意味が区別できるわけで

すから。もし犬の鳴き声にこのような特性があったら、ワンワンは「おなかがすいた」、ワンンワは「もう飽きた」というような区別ができるでしょうね。

　以上、人間のことばの特性を六つ挙げました。動物のコミュニケーションにはこのような特性がないとすれば、動物のコミュニケーションは「ことば」とは言えないようです。
　ここまでは、人間のことばが動物のコミュニケーションよりもすぐれていることばかり述べてきました。一方動物は、音(声)を使わないさまざまなコミュニケーションにおいては、人間よりもはるかにすぐれています。いくつかを挙げましょう。

①においを使う
　犬は尿をかけて匂わせることによって自分の縄張りを示します。このにおいは犬によって微妙に違いますが、犬はその微妙なにおいの違いをかぎわける嗅覚がとても発達しています。スカンクは非常に強いにおいのおならで敵を追い払います。カビも独特のにおいを出してコミュニケーションしているといわれています。

②色を使う
　タコは敵を威嚇するためにからだ全体を真っ赤にします。カメレオンは自分のいる場所と似た色になって、敵から身を守ります。

③光を使う
　ホタルは、それぞれの種によって明滅のパターンが違い、それによって仲間を見分けることができます。

④電気を使う
　アマゾン川流域に住むウナギは、異なる周波数の電気によって自分の存在や縄張りを知らせています。また、ウナギの種類によって周波数が異なって

います。

⑤超音波を使う
　イルカやクジラは、超音波を発して互いにコミュニケーションを取っています。

うらやましいくらい、いろいろな手段を使うことができますね。しかし、コミュニケーションの内容はほとんどが本能的なものに限られています。

2. ことばは脳のどこにあるのか

　人間が他の動物とは比べものにならないほど、ことばを使うことができるのは、人間の脳が他の動物よりも格段に発達しているからにほかなりません。では、人間は脳のどの部分を使って、どのようにことばを操っているのでしょうか。

　まずは、人間の大脳を上から見た図1を見てください。上が前、下が後ろです。左半球と右半球に分かれているのがわかりますね。

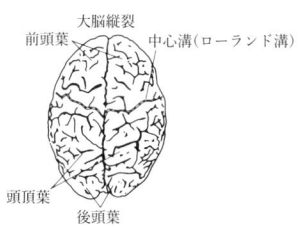

図1　脳を上から見た図

大脳の右半球（右脳）と左半球（左脳）は、それぞれどのようなことにかかわっているのでしょうか。表1を見てください。

表1　右脳と左脳の働き

左脳	右脳
言語	芸術（音楽、絵画など）
部分的	全体的
論理的	感覚的
意識的	無意識的

　筋道を立てて考えたり分析したりするのが左脳であるのに対し、右脳はより本能にかかわっています。そこで、哲学者を左脳人間、スポーツマンや芸術家を右脳人間などといったりします。

　さて、表1に示したように、ことばを操る機能は大脳の左半球（左脳）にあります。どうしてそれがわかるのでしょうか。

　左脳は体の右半分の動きをつかさどり、右脳は体の左半分の動きをつかさどっています。これは、二つの半球から出る神経繊維が、次の図2にある**脳幹**（brain stem）を下降して**脊髄**（spinal cord）に至るまでに交差するものが多いからです。

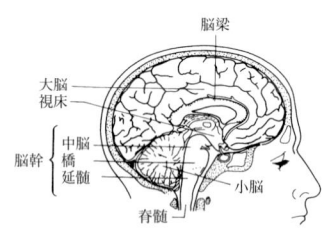

図2　脳の縦断面図

　このため、一方の半球に損傷を受けると、通常反対側に麻痺などの身体的影響が出ます。耳も、左脳と右耳、右脳と左耳がつながっていると考えられます。

　そこでまず、異なる刺激を被験者の左右の耳に同時に提示するという実験がなされました。その結果、言語的信号は右耳、音楽などの非言語的信号は左耳でよく聞こえたという被験者の報告があります。これは、右耳とつながっている左脳が言語的音を聞く機能を持ち、左耳とつながっている右脳が音楽的音を聞く機能を持っていることの証拠になります。

また、分離脳を持つ患者による**分離脳実験**（split brain experiments）もなされました。分離脳とは、てんかんの発作が脳全体に及ぶのを防ぐために、左脳と右脳を結ぶ**脳梁**（corpus callosum、図2にあります）が切断された脳で、分離しているために、左右の脳の機能の違いが、よりはっきりわかります。分離脳の患者は、右手でさわったり右視野で見たものの名前を言ったり、右手で書いたりすることは楽にできましたが、左手でさわったり左視野で見たものの名前を言ったり、左手で書いたりすることはうまくできませんでした。これも、右手・右視野とつながっている左脳が、より言語にかかわっている証拠になるでしょう。

　さらに、ことばを理解したり話したりすることが困難になる**失語症**（aphasia）の患者の損傷した箇所が左脳にあることからも、左脳がことばをつかさどる機能を持つことがわかりました。ブローカ（Paul Pierre Broca, 1824–80）、ウェルニッケ（Carl Wernicke, 1848–1905）という二人の神経学者が、それぞれ**ブローカ野**（Broca's area）、**ウェルニッケ野**（Wernicke's area）と名づけた箇所を見てください（図3）。

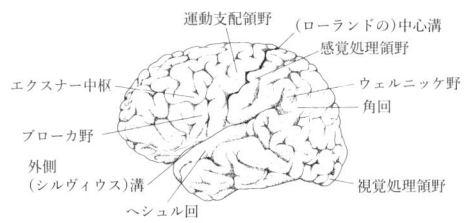

図3　人間の左脳（左が前です）

　ブローカ野が損傷を受けると、話す能力が低下しますが、ことばの理解能力は比較的保たれます。ウェルニッケ野が損傷を受けると、話す能力は比較的保たれますが、ことばの理解能力が低下します。したがって、コミュニケーションに、より支障をきたすのは、ウェルニッケ野が損傷を受けたときです。また、図3で、**角回**（angular gyrus）という箇所が損傷を受けると読み書きの能力が低下し、失書症・失読症になります。

　最後に、最新の技術による証拠を紹介します。脳の働きが画面を通して目に見えるようになったのです。PET（陽電子断層撮影法）による左脳の働き

を示した図4を見てください。

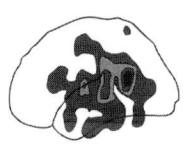
Hearing words

Seeing words
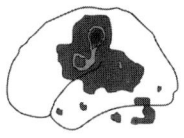
Speaking words
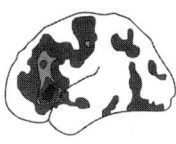
Generating words

図4　PETによる左脳の働き（左が前です）

　図4は、語を聞いたり、見たり、話したり、作りだしたときに、左脳のどこに血液が流れるかを示しています。黒い部分が血液が流れている箇所です。これも、左脳がことばをつかさどる確固たる証拠といえます。ごく最近では、MRI（磁気共鳴撮影法）によって、さらに正確に脳の働きが見えるようになりました。

3.　「日本語」とは何か

　「日本語って何だろう」。これも、ふだん当たり前のように使っている日本人にとっては、ほとんど考えたことのない質問です。ここではまず、「日本語」を「国語」と比べることからはじめましょう。「国語」は、日本人が使うことばに限られます。これは、「国語教育」が日本人を対象にした日本語の教育を指すことからわかります。一方「日本語」は、日本人だけでなく外国人によっても使われます。たとえば、「日本語教育」といえば、外国人を対象にした日本語の教育を指します。現在日本には多くの外国人が住み、上手に日本語を話す人が大勢います。外国でも、日本語教育は盛んに行われています。しかし、日本語は、もともと日本人によって、日本で使われてきた言語です。ですから、**日本語**とは、古来日本人によって日本で使われていた言語で、現在は日本人だけでなく多くの外国人によって、日本や外国で使われている言語ということになります。

　さて、みなさんは外国人に「日本語とはどんな言語ですか」ときかれたら、何と答えますか。これは、日本語のどんな点（何）を説明するかによっ

て変わってきます。たとえば、「彼はアメリカ人です」という文を考えてみましょう。「文字」に着目するなら、日本語の文字には「彼」「人」などの漢字、「は」「です」などのひらがな、「アメリカ」などのカタカナがあります、と説明できますね。これらの文字を取り扱う学問を「文字論」といいます。以下の表に、着目する点（何）と、それを説明するのに必要なキーワード、さらにそのキーワードを使って記述する学問分野の名前を挙げます。

表2　日本語の学問分野

何？	キーワード（例）	学問分野
音声	モーラ・アクセント・イントネーション	音声学
音韻	音素・ミニマルペア・同化	音韻論
文字	漢字・ひらがな・カタカナ	文字論
意味	「彼」の属性の一つが「アメリカ人」	意味論
語	和語・漢語・外来語	語彙論
文法	名詞・助詞・動詞・主語と述語	文法論
敬語	尊敬語・謙譲語・丁寧語	敬語論

「彼はアメリカ人です」という文で、音に着目すると、最後が下降のイントネーションになる、という説明ができます。語に着目すると、「私」は和語・「アメリカ」は外来語、文章に着目すると、「私」が主語で「アメリカ人です」が述語である、などの記述ができます。

このほかにも、最近注目されつつある日本語の学問分野を挙げます。

表3　日本語の学問分野（その他）

何？	キーワード（例）	学問分野
話されることば	コミュニケーション・談話	談話分析
ことばの地域差	九州（豊日・肥筑・薩隈）	方言学
社会の中のことば	年齢・男女・場面	社会言語学
ことばの変化	上代・中古・中世・近世・現代	歴史言語学
日本語の起源	アルタイ系・南方系	系統論・比較言語学

表3で挙げた学問分野は、表2で挙げた学問分野のいくつかにかかわり、より多元的な学問分野といえます。たとえば方言学は、日本語のアクセントや語彙、文法などにかかわり、比較言語学においても、音韻・語彙・形態素・

文法などのさまざまな面からの比較が可能です。

4. 日本語はどこから来たのか

　世界には5千以上も言語があるといわれています。その中の一つである日本語は、どこから来たのでしょうか。日本語の起源については多くの人たちが議論してきました。しかし、そのどれもが決め手を欠き、結局、はっきりしたことはわかっていません。ここでは、日本語を他の諸言語と比べて、似ている点を見つけることによって、いくつかの可能性を探ってみましょう。

　世界の言語は**類型学**（typology）において、次の三つに分けることができます。

表4　世界の言語の類型による分類

類型	言語例
①膠着語	トルコ語、韓国語、日本語
②屈折語	ラテン語、フランス語、英語
③孤立語	中国語、ベトナム語

膠着語（こうちゃく）（agglutinating language）とは、日本語のように、名詞に助詞がついたり（膠着したり）、動詞に助動詞がついたりする言語です。**屈折語**（inflectional language）とは、英語のように、語が人称・格・性・時制などによって変化する言語です。**孤立語**（isolating language）とは、中国語のように、語形変化しない言語をいいます。

　類似点を見つけるだけでなく、いくつかの言語に共通する**祖語**（proto-language）を**再構**（reconstruct）し、そこからそれらの言語が派生したと考えることによっても、諸言語のグループ分けができます（練習問題6を参照）。これらのグループを**語族**（language family）といいます。日本語はどの語族に属するのでしょうか。

　膠着性はトルコ語をはじめとするアルタイ諸語族の特徴であり、日本語もアルタイ語族に含めてはどうかという考えがあります。しかし、膠着の特徴はタガログ語などのオーストロネシア語族にもあり、膠着性は決め手にはなりません。また、アルタイ語族の特徴である**母音調和**（vowel harmony　→練

習問題5を参照）が上代日本語にもあるので、日本語をアルタイ語族に含める学者もいます。しかし、トルコ語の規則的な母音調和に比べて上代日本語の母音の現れ方は母音調和と言い切れない面もあり、これも決め手に欠きます。何よりも語彙がアルタイ語と日本語では違いすぎます。

次に、音韻の点から世界の言語を見ると、音節が母音で終わる**開音節言語**（open-syllable language）と、音節が子音で終わる**閉音節言語**（closed-syllable language）に分けられます。日本語は、中国から来た漢語を除き、日本古来の語を見ると、「足（asi）」、「旅（tabi）」」など、音節が母音で終わる開音節言語です。開音節構造は南方のオーストロネシア語族の特徴の一つですので、日本語もオーストロネシア語族に含めてはどうかという考えもあります。しかし、一つ一つの語彙を見てみると日本語と南方の言語はあまり似ていませんから、これも決め手に欠きます。

日本語はいったい世界のどの語族に含めたらいいのでしょうか。世界の言語をいくつかの語族に分類する方法として、ある分野の語彙を比べて、それぞれの語の形式と意味の類似性を見つける方法があります。その際に注意しなければならないのが**借用語**（loan word）です。借用語とは、他の言語から借りてきた語のことで、「タバコ」や「テレビ」などカタカナで書かれた外来語はみな、欧米諸国からの**借用**（borrowing）です。

ある言語が他の言語からある語を借用した場合、その語の形式と意味が似ているのは当然です。たとえば、中国語の「一（イー）、「三（サン）、「四（スー）」は日本語の「一（イチ）」、「三（サン）」、「四（シ）」とよく似ています。だからといって、日本語と中国語は同じ語族とはいえません。これらの数字は中国語からの借用だからです。

では、どのような分野の語彙で比べたらよいのでしょう。どの言語にも、もとから存在する一般的な語彙であれば、借用されることはまずないでしょうから、そのような語彙が似ていれば、同じ語族としてよいでしょう。それらの語彙を**基礎語彙**（basic vocabulary）といいます。自然関係の語（雨、晴れ、山、川など）、体の部分を表す語（手、足、口など）、基本的な動作・状態を表す語（走る、歩く、ある、いるなど）、数字などが基礎語彙です。ただし、さきほどの日本語の「一（イチ）」、「三（サン）」、「四（シ）」という数字は中国語

からの借用でした。この場合、日本にもとからある数字、「一（ひい）」「三（みい）」「四（よう）」と比べなければなりません。これらは中国語の数字とは全く似ていませんから、中国語と日本語は別々の語族ということになります。

ではここで、日本語と他の言語の1から10までの数字を比べてみましょう。

表5　諸言語の1から10まで

	日本語	英語	ドイツ語	スペイン語	フランス語	イタリア語	韓国語	アイヌ語
1	hitotu	one	eins	uno, una	un, une	uno, una	hana	shine
2	futatu	two	zwei	dos	deux	due	tul	tu
3	mittu	three	drei	tres	trois	tre	set	re
4	yottu	four	vier	cuatro	quatre	quattro	net	ine
5	itutu	five	fünf	cinco	cinq	cinque	tasət	ashikne
6	muttu	six	sechs	seis	six	sei	yəsət	iwan
7	nanatu	seven	sieben	siete	sept	sette	ilkop	arwan
8	yattu	eight	acht	ocho	huit	otto	yədəl	tupesan
9	kokonotu	nine	neun	nueve	neuf	nove	ahop	shinepesan
10	too	ten	zehn	diez	dix	dieci	yəl	wan

これを見ると、日本語が他の言語とは似ても似つかないことがよくわかります。どうも日本語は、他の言語から孤立した言語のようですね。一方、英語・ドイツ語・スペイン語・フランス語・イタリア語はよく似ています。これらの言語は、基礎語彙である数字がよく似ているので、同族とみなすことができます。これらは、インド・ヨーロッパ語族という大きい語族に属しています。

最後に、日本語と韓国語を比べてみましょう。韓国語も日本語と同じく膠着語で、名詞に助詞がついたり、動詞に助動詞がついたりします。また、その語順もほぼ同じです。

（1）　日本語　山田さん　は　　学生　　です。
（2）　韓国語　야마다씨　는　　학생　　입니다
　　　　　　　ヤマダシ　ヌン　ハクセン　イムニダ．
　　　　　　（山田さんは学生です。）

日本語と韓国語は、語順以外に敬語法もよく似ているので同系統の言語であると考える学者もいますが、語彙があまりにも違い過ぎるので、はっきり断定することはできません。

5. おわりに　学問研究の立場

　第1章では、人間のことばや日本語について、これまでの研究の一端を紹介してきましたが、最後に、学問の研究はどのような立場からするのが望ましいかについて述べましょう。ことばに対する立場は二つあります。一つは**規範的**(prescriptive)立場です。これは、ことばはこうあるべきだとする立場で、この立場で考えると、「食べれる」「見れる」などのラ抜きことばは「食べられる」「見られる」としなければなりません。もう一つは**記述的**(descriptive)立場です。これは、今のことばがどうなっているかを説明し、さらに、なぜそのようなことばが表れるようになったのかなどを客観的に記述する立場です。たとえば、**ラ抜きことば**が現れるようになったのは、「食べれる」のほうが「食べられる」よりも言いやすいからだという音声学的説明ができますし、また「魚が食べられる」は受身と可能の両方の意味がありうるのに対し、「魚が食べれる」とすれば可能の意味に限定できるから、という意味論的な説明もできるでしょう。

　親が子供にラ抜きことばなどのことば使いを注意したり、先生が生徒に敬語の使い方を注意したりするのは、規範的立場からです。一方、この本は、ことばのさまざまな側面を客観的に記述することを目的としています。以下の章では、記述的立場から日本語を見ていくことにしましょう。

第1章のキーワード

指示性　恣意性　学習性　母親語　喃語期　一語文期　二語文期　電報文期　創造性　置換性　二重性　脳幹　脊髄　脳梁　分離脳実験　失語症　ブローカ野　ウェルニッケ野　角回　日本語　類型学　膠着語　屈折語　孤立語　祖語　再構　語族　母音調和　開音節言語　閉音節言語　借用語　借用　基礎語彙　規範的　記述的　ラ抜きことば

参考文献

Crowley, Terry. 1992. *An Introduction to Historical Linguistics*. Oxford: Oxford University Press.
「基礎語彙（basic vocabulary）」の定義と例を、Chapter 8 Subgrouping: 8.2 Lexicostatics and Glottochronology の 168–169 ページより引用。

O'Grady et al. 1997. *Contemporary Linguistics*. Third Edition. New York: St. Martins.
Chapter 16: Animal Communication
動物のノンバーバルコミュニケーションについての記述は、この章の 1 を参考にした。
Chapter11: Brain and Language.
「図 4　PET による左脳の働き」は Chapter 11 の Figure 11.5（422 ページ）を引用。

Yule, George. 2006. *The Study of Language*. Third Edition. Cambridge: Cambridge University Press.
「人間のことばの特性」は Chapter 2 Animals and human language の記述を参考にした。

『言語学百科事典』デイヴィッド・クリスタル　風間喜代三・長谷川欣祐監訳　1992 年　大修館書店
「図 1　脳を上から見た図」「図 2　脳の縦断面図」「図 3　人間の左脳」は「45　言語と脳」より引用。

『言語の脳科学』酒井邦嘉　2002 年　中央公論新社
「分離脳実験」の記述を、「第 7 章　言語野と失語──左脳と右脳の謎」の「分離脳」（183–184 ページ）より引用。

『ことばと文化』鈴木孝夫　1973 年　岩波書店
ことばの特徴②「指示性」中の「ことばがものをあらしめる」は「二　ものとことば」（27–34 ページ）による。

『日本語の特質』金田一春彦　1981 年　日本放送出版協会
「表 5　諸言語の 1 から 10 まで」は、「序章」の 17 ページより引用。

推薦図書・ビデオ

動物のコミュニケーションについてもっと知りたい人に
　⇒（クジラ）『クジラたちの音の世界』中島将行　2004 年　光村図書
　⇒（イルカ）『イルカと海の旅』水口博也　1996 年　講談社
　⇒（チンパンジー）『ことばとコミュニケーション④鳥や獣のことば（放送大学ビデオ教材）』
　⇒（動物一般）『人が動物たちと話すには？』ヴィッキー・ハーン　川勝彰子・小泉美樹・山下利枝子訳　1992 年　晶文社
　⇒（動物一般）『動物大百科 16　動物の行動（求愛・学習・コミュニケーションほか）』P. J. B. スレイター編　日高敏隆監修　1987 年　平凡社

ことばと文化の関係についてもっと知りたい人に
　　⇒『ことばと文化』鈴木孝夫　1973 年　岩波書店
児童の言語習得について知りたい人に
　　⇒『こどものことば』伊藤克敏　1990 年　勁草書房
　　⇒ビデオ「言語の発達」(心理学への招待第 6 巻) Philip Zimbard 監修　WGBH Boston．日本語版制作協力：福原眞知子　1992 年　丸善株式会社
脳とことばの関係についてもっと知りたい人に
　　⇒ビデオ「脳とことば」(「ことばとコミュニケーション」⑪　放送大学ビデオ教材)
　　⇒『言語の脳科学』酒井邦嘉　2002 年　中央公論新社
上代日本語の母音調和について詳しく知りたい人に
　　⇒『上代音韻攷』有坂秀世　1955 年　三省堂
日本語系統論についての最新の議論を知りたい人に
　　⇒『日本語系統論の現在』アレキサンダー・ボビン／長田俊樹　共編　2003 年　国際日本文化研究センター

練習問題

1 人間のことばと動物のコミュニケーションの違いは何ですか。

2 ことばをつかさどる機能が主として左脳にあることは、どのようにしてわかるのですか。

3 日本語はどのようなことばですか。

4 基礎語彙とは何ですか。

5 次のトルコ語のデータをもとに、単語中の母音と、複数を表す語尾中の母音との間の法則（母音調和）を見つけなさい。ただし、/a/、/ï/ は非円唇奥舌母音、/e/、/i/ は非円唇前舌母音、/o/、/u/ は円唇奥舌母音、/ö/、/ü/ は円唇前舌母音です（母音の名称については、第2章の2.2「母音」を参考にしてください）。

単数	複数	意味
① bas	baslar	頭
② dost	dostlar	友だち
③ gün	günler	日
④ kus	kuslar	鳥
⑤ dis	disler	歯
⑥ göz	gözler	目
⑦ kïz	kïzlar	少女
⑧ ses	sesler	声

6 表5「諸言語の1から10まで」で、英語、ドイツ語、スペイン語、フランス語、イタリア語の五つの言語はインド・ヨーロッパ語族に属します。この五つの言語の1～10を表す語で、似ている点を具体的に指摘してください。また、この五カ国語をさらに二つのグループに分けるこ

とはできますか。

7　ラ抜きことばができたのはどうしてでしょうか。理由を考えましょう。

第2章　音声学

1.　はじめに　音声とは何か

　人間の歴史において、ことばはまず、声に出して話されました。それは5万年から10万年くらい前のことだといわれています。これは、人間の先祖の頭蓋骨を見るとよくわかります。まず、歯が立っていたことがわかります（類人猿は歯が斜めになっています）。これは、fやvを発音するのに便利です。また、口が他の霊長類に比べてかなり小さくなっています。これによって、口を早く閉じたりあけたりすることができます。さらに、口には咽頭という空間があったこともわかります。これは、人間が直立歩行するようになって喉頭が下がったことによってできました。この空間で音を共鳴させて大きくすることができます。これに加えて、人間の舌や唇はとても柔らかい筋肉でできていて、微妙に異なる発音を使い分けることができます。人間が何らかの意図をもって発する音を**音声**（sound）といいます（あくびやくしゃみ、咳などの生理的な音は音声とはいいません）。この章では、音声の出るしくみを研究する学問である**調音音声学**（articulatory phonetics）を勉強しましょう。

1.1　音声の出るしくみ

　さて、人間はどのようにして音声を発するのでしょう。まず、空気が吸い込まれ、それが肺にたまります。肺にたまった空気は呼気として上に押し上げられ、声門を通るとき声帯が振動します。振動は口腔や鼻腔などの共鳴腔（共鳴する空間）に伝えられ、最後に舌や唇などの発声器官によって調節さ

れて音声が発せられます。音声の出るしくみを次にまとめます。図1とともに確認してください。

①呼吸運動（吸い込んだ空気が肺にたまる）
②声帯振動（肺から押し上げられた空気が声帯を振動させる）
③共鳴作用（振動が口腔・鼻腔などの共鳴腔に広がり共鳴する）
④調音（舌や唇などの発声器官によって音声が作り出される）

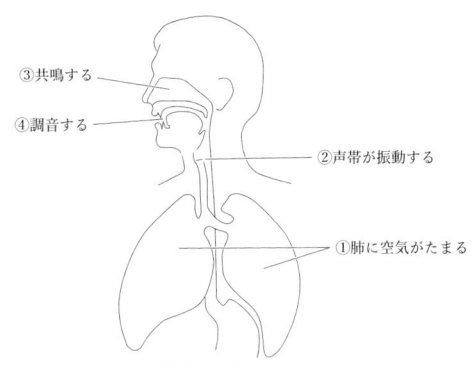

図1　音声の出るしくみ

2.　調音

調音（articulation）とは、発声器官を使って音声を調える（作る）ことです。音声の作られる場所を**調音点**（place of articulation）、調音するとき調音点に近づく発声器官（舌と下唇）を**調音者**（articulator）、音声を作る方法を**調音法**（manner of articulation）といいます。

音声は、大きく子音と母音に分けられます。**子音**(しいん)（consonant）は、調音するときに呼気が舌と上あご、唇などの発声器官によってさまたげを受ける音、**母音**(ぼいん)（vowel）は、呼気が発声器官によってさまたげを受けない音です。子音と母音は、これ以上分けられない最小の音の単位で、**単音**（phone）といいます。では、子音から解説しましょう。

2.1　子音

子音は調音点と調音法の組み合わせによって記述することができます。ま

ずは調音点から述べます。

2.1.1 調音点

音声が作られる場所を調音点といいます。以下の図2と表1を見てください。

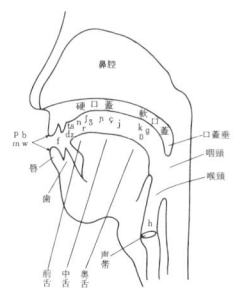

図2　日本語の子音の調音点

表1　日本語の子音の調音点と調音法

調音法 \ 調音点		両唇音	歯茎音	歯茎硬口蓋音	硬口蓋音	軟口蓋音	声門音
破裂音	無声	p	t			k	
	有声	b	d			g	
摩擦音	無声	ɸ	s	ʃ	ç		h
	有声	w	z	ʒ	j		
破擦音	無声		ts	tʃ			
	有声		dz	dʒ			
鼻音	有声	m	n		ɲ	ŋ	
弾音	有声		r				

　図2で示した調音点は、いちばん外側の唇から歯茎、硬口蓋、軟口蓋と次第に口の奥に移動してゆき、一番奥が声門です。表1では、一番上の欄の左から右にいくにしたがって口の奥にいきます。では、両唇音から順番に説明しましょう（音声は ［　］ で示します）。

　両唇音　上唇と下唇を使って発する音声で、現代日本語では ［p］（パ行音の子音）、［b］（バ行音の子音）、［m］（マ行音の子音）、［w］（ワ行の子音）が両

唇音 (bilabial) です。また、[ɸ]（フの子音）の発音も上唇と下唇を近づけるので両唇音といえます。

　歯茎音　舌先を歯茎に近づけて発する音声で、現代日本語では [t]（タ、テ、トの子音）、[d]（ダ、デ、ドの子音）、[n]（ナ、ヌ、ネ、ノの子音）、[s]（サ、ス、セ、ソの子音）、[z]（ザ、ゼ、ゾの子音）、[r]（ラ行音の子音）、[ts]（ツの子音）、[dz]（ズ、ヅの子音）が**歯茎音**(alveolar) です。

　歯茎硬口蓋音　前舌を歯茎と硬口蓋の間に近づけて発する音声で、現代日本語では [ʃ]（シャ、シ、シュ、シェ、ショの子音）、[ʒ]（ジの子音）、[tʃ]（チャ、チ、チュ、チェ、チョの子音）が**歯茎硬口蓋音**(alveopalatal) です。

　硬口蓋音　中舌を硬口蓋に近づけて発する音声で、現代日本語では [k]（キの子音）、[g]（ギの子音）、[ɲ]（ニャ、ニ、ニュ、ニョの子音）、[ç]（ヒの子音）、[j]（ヤ、ユ、ヨの子音）が**硬口蓋音**(palatal) です。

　軟口蓋音　奥舌を軟口蓋に近づけて発する音声で、現代日本語では [k]（カ、ク、ケ、コの子音）、[g]（ガ、グ、ゲ、ゴの子音）、[ŋ]（ガ行鼻濁音の子音）が**軟口蓋音**(velar) です。

　声門音　声帯のすき間の声門を使って発する音声で、現代日本語では [h]（ハ、ヘ、ホの子音）が**声門音**(glottal) です。

2.1.2　調音法

　表1のいちばん左のたてにあるのが調音法です。日本語の調音法には、破裂音・摩擦音・破擦音・弾音・鼻音があり、破裂音・摩擦音・破擦音は無声と有声の区別があります。**無声音**(voiceless sound) は声帯の振動を伴わない音、**有声音**(voiced sound) は声帯の振動を伴う音です。鼻音と弾音は有声音です。発声時にのどに指を当てると、声帯が振動しているかどうかがわかります。では、破裂音から順番に説明しましょう。

　破裂音　発声器官による閉鎖が一度期に解かれて呼気が外に出る音を**破裂音**(stop, plosive) といいます。現代日本語では [p]（パ行音の子音）・[b]（バ行音の子音）が両唇を使った破裂音、[t]（タ、テ、トの子音）・[d]（ダ、デ、ドの子音）が歯茎と舌先を使った破裂音、[k]（カ行音の子音）・[g]（ガ行音の子音）が軟口蓋と奥舌を使った破裂音です。

摩擦音　二つの発声器官（上あごと舌）の狭い隙間から、連続して摩擦するように呼気が出る音を**摩擦音**（fricative）といいます。現代日本語では［s］（サ、ス、セ、ソの子音）・［z］（ザ、ズ、ゼ、ゾの子音）が歯茎と舌先を使った摩擦音です。［ʃ］（シャ、シ、シュ、シェ、ショの子音）・［ʒ］（ジ、ヂの子音）も歯茎硬口蓋と前舌を使った摩擦音、［ç］（ヒの子音）も硬口蓋と中舌を使った摩擦音、［ɸ］（フの子音）も両唇を近づけて発音する摩擦音です。

破擦音　破裂音の直後に摩擦音が続く音を**破擦音**（affricate）といいます。現代日本語では［ts］（ツの子音）・［dz］（ズ、ヅの子音）が歯茎と舌先を使った破擦音、［tʃ］（チャ、チ、チュ、チェ、チョの子音）・［dʒ］（ジャ、ジュ、ジェ、ジョの子音）が歯茎硬口蓋と前舌を使った破擦音です。

弾音　舌先が上あごを弾くようにして出す音を**弾音**（flaps）といいます。現代日本語では［r］（ラ行音の子音）が弾音です。

鼻音　軟口蓋が首の後ろの壁にくっついているときは、図3のように呼気が口から出ます。これまで述べた音はすべて呼気が口から出る**口腔音**（oral）です。一方軟口蓋が下がると、図4のように呼気が鼻腔を通って鼻から抜けます。こうしてできた音を**鼻音**（nasal）といいます。現代日本語では［m］（マ行音の子音）が両唇を使った鼻音、［n］（ナ行音の子音）が歯茎と舌先を使った鼻音、［ɲ］（ニャ、ニュ、ニョの子音）が硬口蓋と中舌を使った鼻音、［ŋ］（ガ行鼻濁音の子音）が軟口蓋と奥舌を使った鼻音です。

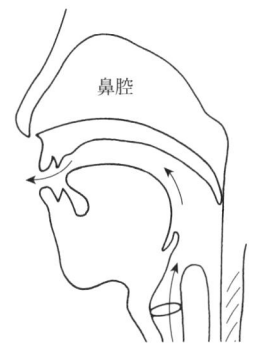 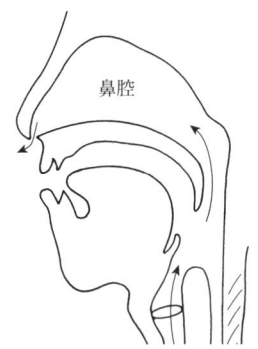

図3　呼気が口から出るとき（口腔音）　　図4　呼気が鼻から抜けるとき（鼻音）

2.1.3　子音の呼び方

2.1.1 の調音点と 2.1.2 の調音法を組み合わせることによって、音声記号で示された音声を呼ぶことができます。表1を見てください。まず有声・無声の区別、次に調音点、そして調音法の順に言うのが習わしです。たとえば、[p] は無声両唇破裂音、[z] は有声歯茎摩擦音です。なお、鼻音、弾音はすべて有声ですので、[m]（両唇鼻音）、[ɲ]（硬口蓋鼻音）、[ŋ]（軟口蓋鼻音）のように「有声」をつける必要はありません。

2.2　母音

次に母音に移りましょう。母音はすべて有声音です。現代日本語には [a]（ア）、[i]（イ）、[ɯ]（ウ）、[e]（エ）、[o]（オ）の五つの母音があります。[ɯ]（ウ）は英語の [u] よりも唇が丸まらず、唇の緊張の度合いも少ない母音です。表2を見てください。

表2　日本語の母音

	前舌 (front)	中舌 (central)	奥舌 (back)
小開き (high)	i		ɯ
中開き (mid)	e		o
大開き (low)		a	

母音は、発声するときの口の開き具合、舌の位置、丸まり具合で区別します。表2で、たては口の開き具合を示します。[i] と [ɯ] が最も口の開きが小さい**小開き母音** (high vowel)、[a] が最も口の開きが大きい**大開き母音** (low vowel)、[e] と [o] はその中間で**中開き母音** (mid vowel) です。横は舌の位置を示します。[i] と [e] は前舌が上あごに近づく**前舌母音** (front vowel)、[a] は中舌が上あごに近づく**中舌母音** (central vowel)、[o] と [ɯ] は奥舌が上あごに近づいて発声される**奥舌母音** (back vowel) です。[o] と [ɯ] は唇が丸まるので**円唇母音** (rounded vowel)、[i]、[e]、[a] は唇が丸まらないので**非円唇母音** (unrounded vowel) といいます。

[i] [e] [a] [o] [ɯ] の順に、それぞれの母音を少し伸ばして続けて言ってみましょう。口が次第に開き、[a] で一番大きくなり、続いて口が次第に

閉じるとともに唇が丸くなるのがわかりますね。同時に、舌の位置が前から次第に奥に移動するのも感じ取ってください。

　五つの母音は、口の開き具合、舌の位置、丸まり具合の組み合せによって区別して呼ぶことができます。たとえば［i］は、小開き前舌非円唇母音といいます。

　いろいろな子音や母音の区別のし方がわかりましたね。次に、日本語の音声の特徴を述べましょう。

3. 日本語の音声の特徴

　まず、日本語の音声の単位である拍（モーラ）を取り上げます。拍は、英語の音声単位である**音節**（syllable、**シラブル**）と同じく、一つ一つがほぼ同じ長さで発音されます。

　次に、それぞれの拍にある、高い低いのアクセントについて述べます。続いて日本語のイントネーション、プロミネンスの特徴、さらに、母音の無声化・ガ行鼻濁音についても解説します。

3.1　日本語の音声の単位（拍）

　日本語の音声は拍（mora、**モーラ**）という単位で数えることができます。一拍は母音あるいは、子音と母音からできています。たとえば「か（ka）」という拍は、［k］と［a］からできています。それぞれの拍は、ほぼ同じ長さで発音されます。たとえば、「うさぎ」は三拍ですが、「う」と「さ」と「ぎ」の三つの拍はほぼ同じ長さです。のばす記号「ー」で表される長い音（**長音**）、小さい「っ」で表される「**つまる音（促音）**」、「ん」で表される「**はねる音（撥音）**」も一拍として数えますので、以下の単語はみな三拍です。

　（１）　長音を含む単語　　カード・テープ
　　　　　促音を含む単語　　切手・勝手
　　　　　撥音を含む単語　　パンチ・マント

　「拍」のかわりに「音節」という語を使う本もありますが、音節は英語のシラブルの訳として英語の音声の単位を表す語ですので、ここでは「拍」を

使います。

3.2　アクセント

アクセントとは、発音される語のもつ高さ・強さの配列です。日本語のそれぞれの拍には、高い低いの**高低アクセント**（pitch accent）があります。一方英語の音節（syllable）には、強い弱いの**強弱アクセント**（stress accent）があります。ここでは、東京語のアクセントにしたがって、日本語のアクセントの機能・特徴とアクセントの型について述べます。

3.2.1　アクセントの機能

日本語のアクセントにはまず、語と語を区別する機能があります。たとえば、二つの「あめ」が次のアクセントによって区別されます。

（2）　単語　　　　アクセント
　　　あめ（雨）が　　高低低
　　　あめ（飴）が　　低高高

三つの「はし」も次のように区別できます。

（3）　単語　　　　アクセント
　　　はし（箸）が　　高低低
　　　はし（橋）が　　低高低
　　　はし（端）が　　低高高

アクセントには、文の切れ目を表示する機能もあります。次の例を見てください。

（4）　例文　　　　すもももももも、もももももも、ももにもいろいろある。
　　　アクセント　　低高高高低高　低高低高　低高低低高高高高低

(4)では、二つの読点で間（ポーズ）をおいて読むことに加えて、四つの「もも（桃）」を「低高」のアクセントで読むことによって、切れ目がよりはっきりします。試みに、(4)をアクセントなしで読んでみてください。区切りがぼやけてしまいますね。

3.2.2　アクセントの特徴

次に、日本語のアクセントの特徴を挙げます。

①一拍目と二拍目の高さがちがう。A：一拍目が高ければ二拍目は低く、B：一拍目が低ければ二拍目は高い。

（5）　A　　かめ（亀）　高低　　　　わさび　　　　高低低
　　　　B　　あし（足）　低高　　　　きもの（着物）　低高高

②一語の中では、一度下がったら二度と上がらない。たとえば、高低高というパターンはない。一度上がってまた下がるというパターンはある。たとえば、お菓子は低高低。

3.2.3　アクセントの型

日本語のアクセントの型には、平板型と起伏型があります。

平板型は、主格の格助詞「が」をつけても高さが高いまま変わらないものです。たとえば、はし（端）は「が」をつけると「はしが」（低高高）となり、平板型です。

起伏型は、高から低への下がり目のある型で、語の初めが高い頭高型、語のまん中が高い中高型、語の最後が高い尾高型の三つがあります。尾高型では、「が」をつけると「が」で下がります。高から低への下がり目を**アクセントの滝**といい、「⌐」で表します（一般的には「⌐」で表します）。

（6）　起伏型の三つの型

　　　　型　　　例　　　　　　　　アクセント
　　　　頭高　　はし（箸）が　　　　高⌐低低
　　　　中高　　おかし（お菓子）が　低高⌐低低
　　　　尾高　　はし（橋）が　　　　低高⌐低

語の拍数とアクセントの型にはおもしろい関係があります。表3を見てください。

表3 拍数とアクセントの型

拍数＼型	一拍語	二拍語	三拍語	四拍語	五拍語	六拍語	アクセントの特徴
平板型	ミガ 低高 実	カニガ 低高高 蟹	リンゴガ 低高高高 りんご	テンプラガ 低高高高高 テンプラ	オヤコドンガ 低高高高高高 親子丼	イチニンマエガ 低高高高高高高 一人前	最後の拍と「が」が同じ高さで続く
頭高型	ネガ 高低 根	ウニガ 高低低 海胆	バナナガ 高低低低 バナナ	キントキガ 高低低低低 金時	シャーベットガ 高 低低低低低 シャーベット	オーガニックガ 高低低低低低低 オーガニック	最初の拍だけが高い
中一高			オデンガ 低高低低 おでん	アマエビガ 低高低低低 甘エビ	ブラウニーガ 低高低低低低 ブラウニー	クランベリーガ 低高低低低低低 クランベリー	中の二拍目だけが高い
中二高				タマネギガ 低高高低低 たまねぎ	オムライスガ 低高高低低低 オムライス	インゲンマメガ 低高高低低低低 インゲン豆	中の二拍目と三拍目(二つ)が高い
中三高					トロロソバガ 低高高高低低 とろろそば	カレーライスガ 低高高高低低低 カレーライス	中の二、三、四拍目(三つ)が高い
中四高						チリメンジャコガ 低高高高高 低低 ちりめんじゃこ	中の二、三、四、五拍目(四つ)が高い
尾高型		クリガ 低高低 栗	タタキガ 低高高低 たたき (鰹の)	イモノネガ 低高高高低 芋の根(さつまいも)	イモノクキガ 低高高高高低 芋の茎(じゃがいも)	ウナギノホネガ 低高高高高高低 うなぎの骨	最後の拍までが高く、続く「が」で低くなる

食べものばかりですね。では、表を縦に左から見ていきます。一拍語のアクセントの型は平板型と頭高型の二つ、二拍語はそれに尾高型が加わって三つ、三拍語はさらに中一高型が加わって四つ、四拍語はさらに中二高型が加わって五つ、五拍語は六つ、六拍語は七つです。もうわかりましたね。拍数に一を足した数がアクセントの型の数になります。これは、四拍語以降、中高型が一つずつ増えるからです。

3.3 イントネーション

単語における音の高低をアクセントというのに対し、文の単位での文末の音の高低を**イントネーション**(intonation)といいます。アクセントが語の意味を区別する機能を持つのに対し、イントネーションは話し手の表現意図を表します。一般に、**下降調**(「↘」で表します)は断定、**上昇調**(「↗」で表します)は疑問を表します。

（7） 太郎は学生です↘　断定
（8） 太郎は学生ですか↗　疑問

3.4　プロミネンス

プロミネンス（prominence）とは、文の一部（語や文節）を強調することです。文の一部をほかよりも強く言ったり高く言ったりすることで、強調することができます。(9)、(10) では、太字がプロミネンスで発音されます。

（9）　**チョコレート**が食べたいんだ（何が食べたいか強調するとき）
（10）　朝の**7時**に伺います（何時に行くか強調するとき）

このほかにも、次のような強調の方法があります。

（11）　低く弱く発音する　　そのとき　隙間風が　**すーっと**　入ってきて
（12）　伸ばして発音する　　あまいものなら何でも　**だーい好き**です
（13）　速く発音する　　　　もっと　**しゃきしゃきっと**　しなさい
（14）　間をあけて発音する　何度頭を下げたって　嫌なものは　**い　や　だ**

3.5　母音の無声化

母音はもともと声帯の振動を伴う有声音です。しかし、日本語の五つの母音のうち、小開き母音の [i] と [ɯ] は、中開き母音の [e] [o] や大開き母音の [a] よりも口の開きが少ないので音が響く度合い（**響音度**（sonority））が低くなり、ある環境で無声音になることがあります。これを**母音の無声化**（vowel devoicing）といいます。次の例を見てください（母音の下についている「。」は、その母音が無声化することを表します）。

（15）　①つき（月）[tsu̥ki]
　　　　②ちかい（近い）[tɕi̥kai]
　　　　③学生 [gaku̥se:] です [desu̥]

①の母音 [ɯ] は無声子音 [ts] と [k] の間、②の母音 [i] は [tʃ] と [k] の間、③の [gakɯse:] では、[ɯ] は [k] と [s] の間にあります。また、③の [desɯ] の [ɯ] は無声子音 [s] のあとに続いています。母音 [i] と [ɯ] は、無声子音の間にあるとき、無声子音に続くときに無声化しやすくなるといえます。これは、まわりの無声子音の影響で母音が無声化する同化という現象です。第3章の6.4「同化」を参照してください。

3.6 ガ行鼻濁音

日本語のガ行は [ga gi gɯ ge go] と発音しますが、頭の子音 [g] はある環境で軟口蓋鼻音 [ŋ] に変わり、[ŋa ŋi ŋɯ ŋe ŋo] と発音されることがあります。これらのガ行音を**ガ行鼻濁音**といいます。また、この現象を**鼻濁音化**といいます。次の例を見てください。

(16) ①学校 [gakko:]
　　　②ゴリラ [gorira]
　　　③軍隊 [gɯntai]

(17) ①英語 [e:go] → [e:ŋo]
　　　②大型 [o:gata] → [o:ŋata]
　　　③私が [wataʃiga] → [wataʃiŋa]

(16)のガ行音はすべて語のはじめ(語頭)にあって鼻濁音化しません。一方、(17)では、①は「英」と「語」の複合した語、②は「大」と「型 [kata]」の複合語で、[kata] が連濁で [gata] になり、さらに [ŋata] になったもの、③は「私」に格助詞「が」がついたもので、すべてガ行音が鼻濁音化します。(17)の例から鼻濁音化の条件を考えてみましょう。

①は「えいご」という語の語尾に「ご」があります。③でも「私が」という文節を一単位と考えると、「が」は語尾にあるといえます。②の「が」は「おおがた」の語中にあります。したがって、鼻濁音化の条件は、ガ行音が語中・語尾にあるときといえます。なお、日本銀行(にほん**ぎ**んこう)」の「ぎ [gi]」、「ガラ**ガ**ラ」の二番目の「ガ [ga]」などは、語中でも鼻濁音化しません。しかしこれらも、「にほん＋**ぎ**んこう」「ガラ＋**ガ**ラ」と二つに分けて、

それぞれ語頭にあると考えれば、鼻濁音化の例外とはなりません。

4. おわりに

この章では、発声のしくみと、日本語の音声の特徴について学びました。調音点や調音法、アクセントの型、イントネーションなど、事実として定着しています。たとえば、疑問を表すとき、ふつう上昇のイントネーションになります。しかし、疑問文でも文の終わりが下降する言語もあります。ハワイ英語がそれです。

(18)　You need a receipt ↘　疑問　（あなたはレシートがいりますか？）

これは、私がハワイ大学の図書館でコピー代を払ったときに、現地に住む学生が用いたもので、明らかに疑問文でした。

この章では、調音音声学を解説しましたが、音声学には、このほかにも音声機器を使って音声の物理的特徴を分析する**音響音声学**（acoustic phonetics）、脳波を用いて人間の聴覚を分析する**聴覚音声学**（auditory phonetics）があります。推薦図書を参照してください。

第2章のキーワード

音声　調音音声学　調音　調音点　調音者　調音法　子音　母音　単音　両唇音　歯茎音　歯茎硬口蓋音　硬口蓋音　軟口蓋音　声門音　無声音　有声音　破裂音　摩擦音　破擦音　弾音　口腔音　鼻音　前舌　中舌　奥舌　小開き母音　中開き母音　大開き母音　前舌母音　中舌母音、奥舌母音　円唇母音　非円唇母音　音節（シラブル）　拍（モーラ）　長音　つまる音（促音）　はねる音（撥音）　アクセント　高低アクセント　強弱アクセント　平板型　起伏型　頭高　中高　尾高　アクセントの滝　イントネーション　下降調　上昇調　プロミネンス　響音度　母音の無声化　ガ行鼻濁音　鼻濁音化　音響音声学　聴覚音声学

参考文献

O'Grady et al. 2005. *Contemporary Linguistics.* Fifth Edition. Boston/ New York: Bedford/ St. Martins.

　「図1　音声の出るしくみ」は Chapter 2: 18 ページの「figure 2. 1」を参考にした。

また、「2.1　子音」の「2.1.1　調音点」と「2.1.2　調音法」は Chapter 2: 4 Consonant articulation、5 Manner of articulation（21–27 ページ）を参考にした。
『日本語の発声レッスン　一般編』川和孝　1988 年　新水社
　「図 2　日本語の子音の調音点」は「II　日本語発声の基本訓練」47 ページより引用。「図 3　呼気が口から出るとき（口腔音）」「図 4　呼気が鼻から抜けるとき（鼻音）」は 23 ページの図の一部を変えて引用。(4) のアクセントの例文は「III　表現力をつける」の「アクセント」131 ページより引用。
『はじめての声優トレーニング　声のテクニック編』松涛アクターズギムナジウム監修　2000 年　雷鳥社
　(11)～(14) のプロミネンスの文は「第 3 章　表現トレーニング編」「3　プロミネンス」(74 ページ) より引用。

推薦図書

日本語のアクセント・イントネーション・音響音声学について知りたい人に
　⇒『日本語音声学』天沼寧・大坪一夫・水谷修　1978 年　くろしお出版
音響音声学・聴覚音声学について知りたい人に
　⇒『日本語音声科学』城生佰太郎　1998 年　バンダイ・ミュージックエンタテインメント
日本語のアクセントの定義・型・歴史について知りたい人に
　⇒『国語アクセントの史的研究』金田一春彦　1974 年　塙書房
日本語の標準アクセントを知りたい人に
　⇒『NHK 日本語発音アクセント辞典』NHK 放送文化研究所編　1998 年　NHK 出版
日本語の発声を訓練したい人に
　⇒『日本語の発声レッスン』川和孝　1988 年　新水社
　⇒『はじめての声優トレーニング』松涛アクターズギムナジウム　2000 年　雷鳥社

練習問題

1　表1を見て、次の音声記号で表される音声の呼び名を言いましょう。
　　　［b］　　　　［ts］
　　　［k］　　　　［ŋ］
　　　［z］　　　　［tʃ］

2　2.2「母音」を参考にして、次の母音の呼び名を言いましょう。
　　　［e］　　　　［a］
　　　［o］　　　　［ɯ］

3　3.1の(1)で挙げた次の単語を手拍子とともに発音してみましょう。
　　　長音を含む単語　　カード・テープ
　　　促音を含む単語　　切手・勝手
　　　撥音を含む単語　　飛んだ・マント

4　表3を見て、語の拍数とアクセントの型の数の関係を表す公式を作りましょう。

5　アクセントとイントネーションの違いは何ですか。

6　次の文を、指定された部分を強調して読みましょう。
　　　①太郎は　花子と　勉強をしました
　　　　a　誰が　　　b　誰と　　　c　何を
　　　②きのう　マラソンで　優勝したのは　花子です
　　　　a　いつ　　　b　何で　　　c　何をした　　　d　誰

7　母音の無声化の条件は何ですか。

8　ガ行音が鼻濁音化する条件は何ですか。

第3章　音韻論

1. はじめに　音声と音韻

　第2章で学んだ音声とは、人間が調音器官を使って実際に発する音のことでした。実際に発する音は、たとえ同じ人が同じ語（たとえば踊りのタンゴ）を同じように二回発音しても、厳密には同じ音ではありません。二回のタンゴという発音は微妙に音の高さや強さ、長さが違っています。

　しかしわたしたちは、どの発音を聞いても、それがタンゴをさすことがわかります。また、同じタンゴという語を二人の別の人が違う発音で言っても、それがタンゴをさすことがわかります。たとえば、一人は［taŋgo］、もう一人は［taŋŋo］のように「ご」を鼻濁音で発音してもタンゴを思い浮かべることができます（［　］の中は実際の音、つまり音声を表します）。どうしてでしょうか。

　これは、私たちが、タンゴであるとわかるのに必要な最小限の音の集まりを頭の中に持っているからです。その抽象的な音の集まりを**音韻**といいます。そして、音韻の構造を体系的に記述する学問を**音韻論**(phonology)といいます。実際の音を研究する音声学と違って、音韻論は理論的に音韻を記述する学問です。

　音韻は / / を使って表されます。たとえば、「タンゴ」の音韻は /tango/ となります。音韻は、さらに音韻の最小単位である**音素**(phoneme)に分けることができます。たとえば、音韻 /tango/ は /t/、/a/、/n/、/g/、/o/ の五つの音素に分けられます。一方、音声［taŋgo］は［t］、［a］、［ŋ］、［g］、［o］の五つの**単音**(phone)に分けられます。

ここで、/tango/ の五つの音素のうち、/t/ を /k/ に置き換えると /kango/（看護）になります。また、/tango/ の /g/ を /s/ に置き換えると /tanso/（炭素）になります。このように、一つの音素を置き換えると別の単語として認識されますので、音素は人間が単語の違いを聞き分けるのに必要な音の最小単位といえます。一方、タンゴ［taŋgo］の［ŋ］は、音素である /g/ が語中で変化した音で、これを**異音**（allophone）といいます。音素 /g/ には、もう一つの異音［g］がありますが、先ほど述べましたように、［taŋgo］と発音しても［taŋŋo］と発音しても、同じタンゴとして認識されます。

この /tango/ と /kango/、/tango/ と /tanso/ のように、一つの音素だけが異なるペアを**ミニマルペア**（minimal pair）といいます。このようなミニマルペアを作ることによって、日本語の音素を導き出すことができます。たとえばこの二つのペアによって、/t/ と /k/、/g/ と /s/ が日本語の音素であることがわかります。

次に、日本語の音素と異音の関係について述べましょう。

2.　音素と異音

前節で、［ŋ］は音素 /g/ の異音であることを述べました。異音とは、音素がある一定の環境で変化した音です。このほかにも、日本語の子音は、母音［i］や［ɯ］の前で変化します。まず、音素 /s/ は［i］の前で異音［ʃ］に変化します。ですから、日本語の「し」の音韻は /si/ で表され、音声は［ʃi］で表されます。この変化は、次の公式で表すことができます。

（1）　公　式　　　　　意　味　　　　　　　　　かな表記と発音記号
　　　/s/ → ［ʃ］/＿i　音素 /s/ が［i］の前で異音　　し　　［ʃi］
　　　　　　　　　　　［ʃ］になる

ここで、/s/ は［i］以外の四つの母音［a］、［ɯ］、［e］、［o］の前では［s］のままです。これを次のように表します。

（2）　公　式　　　　　意　味
　　　/s/ → ［s］/＿他の母音　音素 /s/ は他の母音の前では［s］になる。

この［ʃ］と［s］は、［i］の前・それ以外の母音の前、という環境で互いに

補い合う分布を示していますので、相補分布（complementary distribution）といいます。この場合、音素 /s/ は二つの異音 [ʃ] と [s] を持つことになります。音素 /s/ は異音 [s] になる場合の方が多いので（四つの母音の前）、[s] の方が [ʃ] よりも一般的であるといえます。このように、より一般的な異音記号が音素記号と一致するのがふつうです。

　[i] の前では次のような子音の変化も起こります。

　（3）　　公　式　　　　意　味　　　　　　　かな表記　発音記号
　　　　/z/ → [(d)ʒ] /_i　音素 /z/ が [i] の前で　　じ　　　[ʒi] か [dʒi]
　　　　　　　　　　　　異音 [ʒ] になる
　　　　/t/ → [tʃ] /_i　　音素 /t/ が [i] の前で　　ち　　　[tʃi]
　　　　　　　　　　　　異音 [tʃ] になる
　　　　/d/ → [(d)ʒ] /_i　音素 /d/ が [i] の前で　　ぢ　　　[ʒi] か [dʒi]
　　　　　　　　　　　　異音 [ʒ] になる
　　　　/h/ → [ç] /_i　　音素 /h/ が [i] の前で　　ひ　　　[çi]
　　　　　　　　　　　　異音 [ç] になる

[ɯ] の前でも、次のような変化が起こります。

　（4）　　公　式　　　　意　味　　　　　　　かな表記と発音記号
　　　　/t/ → [ts] /_ɯ　　音素 /t/ が [ɯ] の前で　　つ　　　[tsɯ]
　　　　　　　　　　　　異音 [ts] になる
　　　　/z/ → [dz] /_ɯ　　音素 /z/ が [ɯ] の前で　　ず　　　[dzɯ]
　　　　　　　　　　　　異音 [dz] になる
　　　　/h/ → [ɸ] /_ɯ　　音素 /h/ が [ɯ] の前で　　ふ　　　[ɸɯ]
　　　　　　　　　　　　異音 [ɸ] になる

　　　　　　　　　　　　（[ɸ] は、無声両唇摩擦音です。第 2 章の表 1 を参照）
ローマ字表記で、同じ行は同じ子音で表す日本式（ta **ti tu** te to など）は音韻にもとづいた表記です。一方、ヘボン式（ta **chi tsu** te to など）は実際の音声にもとづいた表記といえます（第 4 章 3. 3「ローマ字」を参照してください）。

3. 音素リスト

　ミニマルペアを作ることによって日本語の音素を導き出すことができることを1節で述べました(この章の最後の練習問題3をやってみましょう)。ここでは、それによってできた日本語の子音の**音素リスト** (phoneme inventory) を挙げます。

表1　日本語の子音の音素リスト

調音法 ＼ 調音点		唇音	唇歯音	歯間音	歯茎音	硬口蓋音	軟口蓋音	声門音
破裂音	無声	p			t		k	
	有声	b			d		g	
摩擦音	無声				s			h
	有声	w			z			
破擦音	無声							
	有声							
鼻音	有声	m			n			
弾音	有声				r			
わたり音	有声					j		

　これらの音素のうち /t/、/d/、/s/、/z/、/h/ は (1)、(3)、(4) のようにそれぞれの環境で異音になり、さらに /n/ も次のような環境で異音 [ŋ]、[ɲ] になります。

(5)　　　公　式　　　　　　意　味

　　/n/ → [ŋ] /_ 軟口蓋音　軟口蓋音の前で軟口蓋鼻音 [ŋ] になる。
　　　　　　　　　　　　　例　/haŋga/ → [haŋga]（版画）

　　/n/ → [ɲ] /_ 硬口蓋音　硬口蓋音の前で硬口蓋鼻音 [ɲ] になる。
　　　　　　　　　　　　　例　/hannja/ → [haɲɲa]（般若）

そこで、音声のリスト(第2章の表1と比べてください)の方が、子音の数が多くなります。

　さて、日本人は、表1に挙げられた音素を聞き分けることができます。しかし、英語の /l/ と /r/、/b/ と /v/ などを聞き分けるのは困難です。どうしてでしょうか。次に、英語の子音の音素リストを挙げて比べてみましょう。

表2　英語の子音の音素リスト（O'Grady et al. より）

調音法＼調音点		唇音	唇歯音	歯間音	歯茎音	硬口蓋音	軟口蓋音	声門音
破裂音	無声	p			t		k	
	有声	b			d		g	
摩擦音	無声		f	θ	s	ʃ		h
	有声		v	ð	z	ʒ		
破擦音	無声					tʃ		
	有声					dʒ		
鼻音	有声	m			n		ŋ	
流音	有声側音				l			
	有声そり舌音				r			
わたり音	有声	w				j		
	無声							

　表1になくて表2にある音素には、/f/、/v/、/θ/、/ð/、/ʃ/、/ʒ/、/tʃ/、/dʒ/、/l/、/ŋ/ などがありますが、自国語の音素リストにない、他言語の音素を聞き分けるのは、訓練しない限り困難です。たとえば、日本語には /b/ はありますが、/v/ はありません。ですから、/b/ と /v/ を聞き分けるのは困難です。また、日本語の /r/ は英語の /r/ とも /l/ とも違う発音ですので、この二つを聞き分けるのも困難です。これは、それぞれの言語話者が、自国語の音素リストを頭の中に持ち、それをもとに音声を聞いているためです。

　韓国語の無声破裂音 /p/、/t/、/k/ には、平音・激音・濃音の区別があります。この区別も日本語にないので、聞き分けるのは困難です。平音は日本語のハ行、タ行、カ行の子音と同じ無声音、激音は破裂のあとに強い呼気を伴う無声音、濃音は破裂のあとに全く呼気が出ない無声音です。韓国語では、平音 /p/、/t/、/k/ とその激音 /pʰ/、/tʰ/、/kʰ/、さらに濃音 /p'/、/t'/、/k'/ は音素であり、ミニマルペアを作ることができます。

（6）　韓国語の平音・激音・濃音のミニマルペア
　　　　平音と濃音　/paruda/ 張る　　　　/p'aruda/ 速い、すばしこい
　　　　平音と激音　/pari/ 女性用の真鍮製の食器　　/pʰari/ 蝿

これらの単語を聞いて区別するのはとてもむずかしく、聞き分ける訓練が必

要です。

続いて、日本語の母音の音素リストを挙げます。

表3　日本語の母音の音素リスト

	前舌(front)	中舌(central)	奥舌(back)
小開き(high)	i		u
中開き(mid)	e		o
大開き(low)		a	

これらの五つの母音を使ったミニマルペアを挙げましょう。

（7）　日本語の母音のミニマルペア
　　①　/a/ と /i/　　足 /**a**si/　　石 /**i**si/
　　②　/i/ と /e/　　北 /k**i**ta/　　桁 /k**e**ta/
　　③　/e/ と /o/　　得る /**e**ru/　　折る /**o**ru/
　　④　/o/ と /u/　　独楽 /k**o**ma/　　熊 /k**u**ma/
　　⑤　/u/ と /a/　　売り /**u**ri/　　蟻 /**a**ri/

次に、英語の母音の音素リストを示します。

表4　英語の母音の音素リスト（O'Grady et al. より）

	前舌(front)	中舌(central)	奥舌(back)
小開き(high)	i ɪ		u ʊ
中開き(mid)	e ɛ	ə ʌ	o ɔj ɔ
大開き(low)	æ	aj aw	ɑ

全部で15あります。15の母音のうち /i/、/ɪ/、/e/、/ɛ/、/æ/ は前舌母音、/u/、/ʊ/、/o/、/oj/、/ɔ/、/ɑ/ は奥舌母音、/ə/、/ʌ/、/aj/、/aw/ は中舌母音です。/i/ の発音は［ij］、/e/ は［ej］、/u/ は［uw］、/o/ は［ow］で、それぞれ舌の緊張を伴います。それ以外の /ɪ/、/ɛ/、/æ/、/ʊ/、/ɔ/、/ə/、/ʌ/ は舌の緊張を伴いません。これらの母音の音素を使ったミニマルペアをいくつか挙げましょう。

（8）　英語の母音のミニマルペア

① /i/ と /ɪ/　heat [hijt]　hit [hɪt]
② /e/ と /ɛ/　mate [mejt]　met [mɛt]
③ /u/ と /ʊ/　cooed [kud]　could [kʊd]
④ /o/ と /ɔ/　coat [kowt]　caught [kɔt]

それぞれのペアで、あとの母音の方が前の母音よりも短いので、違いは比較的わかりやすいと思います。

以上、日本語と英語の音素を、子音、母音の順に紹介しました。次に、日本語独自の音素であるアクセントと長短母音についても述べておきましょう。

4. 日本語の音素（その他）

日本語では、異なる子音だけでなく、異なるアクセントによってもミニマルペアを作ることができます。

（9）日本語の異なるアクセントによるミニマルペア

　　アサ（高低）　朝　　　アサ（低高）　麻
　　アシ（高低）　葦　　　アシ（低高）　足
　　タビ（高低）　足袋　　タビ（低高）　旅

したがって、日本語では高低アクセントも音素に含めることができます。

また、短い母音と長い母音でもミニマルペアが作れます。

（10）日本語の長短母音によるミニマルペア

　　短母音　　　　　　　　長母音
　　おばさん [obasan]　　おばあさん [oba:san]
　　ビル [biru]　　　　　　ビール [bi:ru]

したがって日本語では、五つの短母音に加えて、五つの長母音も音素に含めることができます。ハワイ語にも長短母音によるミニマルペアがあります。

（11）ハワイ語の長短母音によるミニマルペア

　　短母音　　　　　　　　長母音
　　kohola（岩礁）　　　　kohola:（くじら）
　　mala（痛み）　　　　　ma:la（庭）

　　　　hio（風が吹く）　　　　　hio:（もたれかかる）
　　　　　　　　　　　　　　　　　　（Hawaiian Grammar: 15 ページ）
したがってハワイ語でも、短母音に加えて長母音が音素になっています。
　次に、弁別特徴を使って、日本語の音素を分類してみましょう。

5. 弁別特徴

　音素にはそれぞれ、「有声・無声」、「連続・不連続」などのいくつかの音の特徴があり、それによって音素リストにある音素を分類することができます。この特徴は常に「＋」か「−」で表され、音素同士を明確に区別することができるので、**弁別特徴**（distinctive feature）といいます。たとえば、/p/ と /b/ はどちらも子音で両唇破裂音ですが、/p/ は無声（［−有声］で表されます）、/b/ は有声（［＋有声］で表されます）という点が異なります。また、/p/、/b/ などの破裂音は連続せず瞬間的に終わる音ですので［−連続］で表すことができます。一方、/s/、/z/ などの摩擦音は音が連続するので［＋連続］で表すことができます。/p/ と /b/、/s/ と /z/ の音素を弁別特徴によって表してみましょう。

（12）　　/p/　　　　　/b/　　　　　　　/s/　　　　　/z/
　　　　＋子音　　　　＋子音　　　　　＋子音　　　　＋子音
　　　　−有声　　　**＋有声**　　　　**−有声**　　　**＋有声**
　　　　−連続　　　　−連続　　　　　＋連続　　　　＋連続

/p/・/b/ と /s/・/z/ のペアはどちらも「有声」という弁別特徴によって区別することができます。次に、/m/・/n/・/ŋ/・/ɲ/ はすべて鼻から呼気が抜けるので［＋鼻音］、それ以外の子音は口から呼気が抜けるので［−鼻音］によって表されます。また、母音・鼻音・ヤ行の子音 /j/、ラ行の子音 /r/ は響く音ですので［＋響音］、破裂音・摩擦音・破擦音はあまり響かない音ですので［−響音］で表されます。以下に、音素を区別する弁別特徴をまとめます。

(13)　音素を区別する弁別特徴

弁別特徴	音声的意味	例
＋子音（consonant）	呼気がさまたげを受ける	すべての子音
－子音	呼気がさまたげを受けない	すべての母音
＋有声（voiced）	声帯が振動する	すべての有声子音と母音
－有声	声帯が振動しない	すべての無声子音
＋連続（continuant）	音が続く	摩擦音
－連続	音が切れる	破裂音
＋鼻音（nasal）	鼻から呼気が抜ける	すべての鼻音
－鼻音	口から呼気が抜ける	口腔音
＋響音（sonorant）	よく響く	母音、鼻音、わたり音、弾音
－響音	あまり響かない	破裂音、摩擦音、破擦音

ここで、日本語の母音と子音の音素を弁別特徴を使って示してみましょう。たとえば、表3に出てきた五つの母音に共通する弁別特徴は、［－子音］に加えて［＋有声］、［＋響音］です。また、表1に出てきた /m/ と /n/ に共通する弁別特徴は［＋鼻音］に加えて［＋子音］、［＋響音］、［＋有声］です。練習問題6をやってみましょう。

では最後に、音韻の歴史的変化について述べます。

6. 音韻変化

音韻は、ある環境によって変化することがあります。**音韻変化**（phonological change）には、音韻が少なくなる弱化、音韻が増し加わる強化、音韻が入れ替わる音韻交代、そしてまわりの音韻に似るようになる同化があります。

6.1　弱化

弱化（lenition）は、音韻がゼロに近づいてゆく現象であり、具体的にはもともとあった子音や母音、音節が落ちたり（脱落）、二つの音韻が一つになる（融合）現象です。以下、子音の脱落、母音の脱落、音節の脱落、融合の順に述べます。

6.1.1 子音の脱落

a. 子音群喪失

子音群喪失（cluster reduction）は、子音群（cluster）の中から一つの子音が落ちる現象をいいます。たとえば、日本語では、青森方言などで「かえって」/kaette/ が「かえて」/kaete/ になる例があります。英語では、district /dìstrikt/ の最後の /kt/ という子音群のうちのあとの /t/ が落ちて /dìstrik/ になる例があります。

b. アファレシス

アファレシス（apharesis）は、語の最初の子音が脱落する現象で、日本語では、神奈川県の方言で「何で」/nande/ が「あんで」/ande/ になる例があります。外国語では、アンカムチ語で /maʃi/（食べ物）が /aʃi/ になる例があります。語頭でなく、語中の子音が脱落する場合もあります。「月立ち」/tukitati/ が「ついたち」/tuitati/ になったり、歩きて /arukite/ が歩いて /aruite/ になるイ音便がその例です。

6.1.2 母音の脱落

a. アポコピー

アポコピー（apocope）は、語の最後の母音が脱落する現象で、日本語では「です」「ます」の最後の母音 /u/ が脱落する現象があります。なお、これは母音の無声化であって脱落ではないという考えもあります。外国語では、バヌアツ語で /utu/（蚤）が /ut/ になる例があります。語の最初の母音が脱落する例としては「出だす」/idasu/ が「出す」/dasu/ になる例が挙げられます。

b. シンコピー

シンコピー（syncope）は、語の中の母音が脱落する現象で、たとえば日本語では、「肌足」/padaasi/ が「裸足」/hadasi/ になる例があります。英語で policeman /pəlísmən/（警官）が /plísmən/ になる場合、/p/ と /l/ の間の /ə/ が脱落しています。

6.1.3 重音脱落

重音脱落 (haplology) は、似たような音節が続く場合その一方の音節が脱落する現象で、たとえば日本語では、河原 /kawapara/ が /kawara/ になる例があります。英語でも、library /laɪbrərɪ/（図書館）が /laɪbrɪ/ になる場合、音節 /rə/ が脱落しています。Mississippi が Missippi になるのもその例です。

6.1.4 融合

融合 (fusion) とは、二つの異なる音韻が一つになる現象で、たとえば日本語では、上代日本語の「高市 /takaiti/」が /taketi/ になるとき、/ai/ が /e/ に融合しています。フランス語でも、/bɔn/ が /bɔ̃/ になる場合、もともとの /ɔ/ と /n/ が融合して /ɔ̃/ となっています。

6.2 強化

強化 (fortition) とは、語の中にもともとなかった音韻が加わる現象です。

6.2.1 子音挿入

子音挿入 (excrescence) は、二つの子音の間にもう一つの子音が加わる現象で、たとえば英語で something /sʌmθɪŋ/（何か）が /sʌmpθɪŋ/ になる場合、/m/ と /θ/ の間に /p/ が加わります。日本語にはこの現象はありませんが、似た現象として「観音」/kwan on/ が /kannon/ になる連声(れんじょう)が挙げられます。ここでは、/on/ の前に新たに、子音 /n/ が加わっています。

6.2.2 母音挿入

母音挿入 (epenthesis) は、二つの子音の間に母音が加わる現象で、たとえば英語で film /fɪlm/（フィルム）が /fɪləm/ になる場合、/l/ と /m/ の間に /ə/ が加わっています。日本語にはこの現象はありませんが、代わりに二つの母音の間に子音が加わる現象があります。「場合」/baai/ が「ばやい」/bayai/ になるなどです。これは、日本語の子音(C)と母音(V)からなる拍構造(CV)を維持するためと考えられます。

6.3 音位転換

音位転換 (metathesis) は、語中の音が他の音と場所を交換する現象です。たとえば日本語では、「茶釜」/tjagama/ が「ちゃまが」/tjamaga/ になるとき、/g/ と /m/ が入れ換わっています。

フィリピンの公用語であるタガログ語と、フィリピン諸島の一言語であるイロカノ語でも、つぎのように /t/ と /s/ が入れ換わっています。

(14) タガログ語とイロカノ語の音韻交代

タガログ語	イロカノ語	意味
taŋis	saːŋit	泣く
tubus	subut	敬愛する
tigis	siːgit	(ぶどう酒などを) 他の器に移す
tamis	samqit	甘い

(Crowley1992: 46 ページ)

6.4 同化

同化 (assimilation) とは、一つの音素が近くのもう一つの音素に影響を及ぼして、似たような音になる現象で、たとえば古語の「思はゆ /omopayu/」が「思ほゆ /omopoyu/」になる場合、「は /pa/」の母音 /a/ が、前の二つの母音 /o/ の影響で /o/ になっています。この同化は、前の音素が後ろの音素に影響を及ぼしているので**順行同化** (progressive assimilation) といいます。アイスランド語で、/findan/（見つける）が [finna] になる場合も、/d/ が直前の /n/ に影響されて [n] になっています。これも順行同化です。一方、「新聞 /sinbun/」が [ʃimbuɴ] になる場合、歯茎鼻音 /n/ がうしろの**両唇破裂音** /b/ と同じ調音点を持つ**両唇鼻音** [m] に変化しています。この同化は、後ろの音素が前の音素に影響を及ぼしているので**逆行同化** (regressive assimilation) といいます。日本語の音素の一つである歯茎鼻音 /n/ は、逆行同化によって次のように四つの異音に変化します。

(15) 日本語の /n/ の逆行同化

    公　式　 意　味

  a /n/ → [m] /＿両唇音 両唇音の前で両唇鼻音［m］になる。
            例　/sinbun/ → ［ʃimbuɴ］（新聞）
  b /n/ → [n] /＿歯茎音 歯茎音の前で歯茎鼻音［n］になる。
            例　/kandai/ → ［kandai］（寛大）
  c /n/ → [ŋ] /＿軟口蓋音 軟口蓋音の前で軟口蓋鼻音［ŋ］になる。
            例　/hanga/ → ［haŋga］（版画）
  d /n/ → [ɲ] /＿硬口蓋音 硬口蓋音の前で硬口蓋鼻音［ɲ］になる。
            例　/hannja/ → ［haɲɲa］（般若）

同化はその度合いによっても二つに分けられます。たとえば、/findan/ が ［finna］ になる場合は、/d/ が前の /n/ と全く同じ音に変化しているので**完全同化**（total assimilation）といいます。一方、/sinbun/ が ［ʃimbuɴ］になる場合は、/n/ が両唇という調音点のみ影響されて［m］になるので、**部分同化**（partial assimilation）といいます。

同化の一種に**口蓋化**（palatalization）があります。これは、母音［i］の前で調音点が硬口蓋に移動する現象です。2節の公式を見てください。(1)で母音［i］の前で /s/ が［ʃ］になるときと、(3)で /t/ が［tʃ］になるときは、調音点は前の歯茎から奥の硬口蓋に移動しますが、(3)で母音［i］の前で /h/ が /ç/ になるときは、調音点は奥の声門から前の硬口蓋に移動します。

複合語の二番目に来る語の初めの無声子音が有声化する**連濁**（sequential voicing）も同化の一種です。

(16) 連濁の例

  ①雪 /yuki/ ＋ 国 /kuni/ ＝ 雪国 /yukiguni/
  ②竹 /take/ ＋ 竿 /sao/ ＝ 竹竿 /takezao/
  ③空 /kara/ ＋ 焚き /taki/ ＝ 空焚き /karadaki/

二番目の語の初めの無声子音 /k/・/s/・/t/ が、複合語の中ではそれぞれ有声音 /g/・/z/・/d/ に変化しています。これは、前の語の最後の有声音である母音に続くからで、有声の順行同化といえます。なお、①の /yukiguni/ の /g/ はさらに鼻濁音化すると［yukiŋuni］となります。

7. おわりに

　第 2 章の音声学では、実際に発する音について学びました。一方、第 3 章の音韻論では、頭の中にある音である音素について学びました。より実際的、実践的な音声学に比べて音韻論は、音素の導き方、・弁別特徴による音素の分類・音韻変化の法則など、より科学的、体系的な学問分野です。

　音韻変化の法則の一つに、**ライマンの法則**（Lyman's Law）があります。これは、同化の最後に取り上げた連濁をさまたげる法則で、あとに来る語に有声の［−響音］がある場合、連濁がさまたげられるというものです。［−響音］には破裂音、摩擦音、破擦音が含まれますので、有声の［−響音］は、/b/・/d/・/g/、/z/ です。次に、連濁にならない例を挙げましょう。

（17）　連濁にならない例
　　　　①茹で /yude/ ＋　卵 /tamago/ ＝茹で卵 /yudetamago/
　　　　②大 /oo/ ＋ 風 /kaze/ ＝大風 /ookaze/

①では /tamago/（卵）に /g/ が含まれ、②では /kaze/（風）に /z/ が含まれていますので、/yudedamago/、/oogaze/ のような連濁は起こりません。

　みなさんもこの法則に連濁の実例を当てはめてみましょう。

第 3 章のキーワード

音韻　音韻論　音素　単音　異音　ミニマルペア　相補分布　音素リスト　弁別特徴　音韻変化　弱化　子音群喪失　アファレシス　アポコピー　シンコピー　重音脱落　融合　強化　子音挿入　母音挿入　音位転換　同化　順行同化　逆行同化　完全同化　部分同化　口蓋化　連濁　ライマンの法則

参考文献

Crowley, Terry. 1992. *An Introduction to Historical Linguistics*. Oxford: Oxford University Press.
　「6 音韻変化」6. 1–6. 3 は、Chapter 2 Types of Sound Change: 41–49 ページより引用。

Elbert, Samuel H. and Mary Kawena Pukui. 1979. *Hawaiian Grammar*. Honolulu: University of Hawaii Press.

「(11)　ハワイ語の長短母音によるミニマルペア」は、Chapter 2 The Sound System 2.2 Vowels: 15 ページより引用。
O'Grady et al. 2005. *Contemporary Linguistics*. Fifth Edition. Boston/ New York: Bedford/ St. Martins.
「表2　英語の子音の音素リスト」、「表4　英語の母音の音素リスト」は、表紙裏の表 American English Consonant Phonemes と American English Vowel Phonemes を引用。
Vance, Timothy. 1987. *An Introduction to Japanese Phonology*. Albany: State University of New York Press.
「7　おわりに」で取り上げた「ライマンの法則」は、「10.2.1 Lyman's Law(136 ページ)」より引用。

推薦図書
日本語を外国語として見た音韻論入門書として
　⇒ Vance, Timothy. 1987. *An Introduction to Japanese Phonology*. Albany: State University of New York Press.
日本語の音韻変化について知りたい人に
　⇒『国語音韻論』金田一京助　1938 年　刀江書院
日本語の音韻(ガ行鼻音、アクセントなど)に関する諸議論について知りたい人に
　⇒『日本語音韻の研究』金田一春彦　1967 年　東京堂出版
日本語音声について音韻論の視点から研究したい人に
　⇒『日本語の音声』窪薗晴夫　1999 年　岩波書店

練習問題

1 音声と音韻の違いは何ですか。

2 単音と音素の違いは何ですか。

3 ミニマルペアを作って、日本語の音素をいくつか導き出してみましょう。

4 4の(10)を参考にして、長短母音によるミニマルペアを作りましょう。

5 破擦音の［ts］や［tʃ］は表1「日本語の子音の音素リスト」には含まれていません。どうしてでしょうか。

6 次のそれぞれの音素グループに共通の弁別特徴をすべていいなさい。ただし、③の /ŋ/ は英語にある音素で軟口蓋鼻音、/ɲ/ はマレー語にある音素で硬口蓋鼻音です。
 ① /a/、/i/、/u/、/e/、/o/
 ② /p/、/t/、/k/
 ③ /m/、/n/、/ŋ/、/ɲ/
 ④ /b/、/d/、/g/、/z/、/n/
 ⑤ /d/、/k/、/b/、/s/、/z/、/n/、/m/

7 次の①から⑥の音韻変化・音声変化をそれぞれ何といいますか。
 ①夕月夜（/yupuzukiyo/ から /yupuzukuyo/ への変化）
 ②我妹子（/wagaimoko/ から /wagimoko/ への変化）
 ③自分で（［ʒibunde］から［biʒunde］への変化。児童の言語習得時のまちがった発音）
 ④リンゴ（/ringo/ から［riŋgo］への変化）
 ⑤観念（/kwannen/ から /kannen/ への変化）

⑥「この竹垣に竹立てかけたのは…」を「この竹垣にたけたけかけたのは…」と言ってしまった場合。

8 弱化と強化とではどちらの方がより一般的な音韻変化だと考えられますか。

第4章　文字

1.　はじめに　文字とは何か

　カリフォルニアのミュアウッズ国定公園には、樹齢何千年という杉科のセコイアの巨木が林立しています。実は、このセコイアという名前は、チェロキー族のインディアンの一人の名前を取ってつけられたのです。**セコイア**（Sequoyah）は文盲でしたが、小さいころから白人の持つ文字に非常に興味を持ち、いつか自分も白人のように文字の読み書きができるようになりたいと思っていました。そして、白人が次から次へとインディアンの土地を奪い、インディアンたちがみな散り散りになっていくのを目の当たりにしたセコイアは、「チェロキー族の文化を後世に伝え、チェロキー族をひとつにするには文字しかない」と考えるようになりました。それからセコイアは、毎日のように文字を板の上に刻み続け、1821年、ついにチェロキー語の文字を完成させました。**チェロキー文字**による新聞「フェニックス」は今でも発行され、チェロキー族も繁栄しています。

　文字（writing）は、人の言ったことを記録するための手段です。音声と違って消えてなくならないので、後世の人たちに文化を伝えることができます。また、チェロキー族のように、民族が生き残るための大切な道具でもあります。日本人も、漢字をもとにしてひらがなとカタカナを発明し、豊かな文化を築いてきました。ここでは、まず世界の文字をいくつか紹介し、次に日本語のひらがな、カタカナの成り立ちについて述べます。

2. 世界の文字

　世界には文字を持つ言語共同体もあれば、文字を持たない言語共同体もあります。文字の読み書きには高等な言語能力を必要としますので、洗練された文化のあるところに文字があると考えられます。したがって、世界四大文明発祥の地では文字が発達していたことが容易に想像できます。次の表1は、四大文明と、そこでできた文字を示します。

表1　四大文明と文字

文明	地域	時代（概数）	文字
エジプト文明	ナイル川流域	紀元前 3500 年	ヒエログリフ
メソポタミア文明	チグリス・ユーフラテス川流域	紀元前 3000 年	楔形文字
インダス文明	インダス川流域	紀元前 2500 年	インダス文字
黄河文明	黄河流域	紀元前 4000 年	漢字

　これよりさらに前の、世界最古の文字に**シュメール文字**（Sumerian writing）があります。これは、ウルク（古代の都市国家）遺跡で発掘された粘土板に刻まれた文字で、紀元前 3700 年ころといわれています。シュメール文字の中には、次のように、実際のものの形をまねて描いた**象形文字**（pictograms）があります。

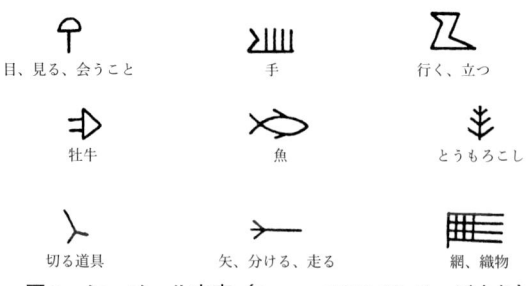

図1　シュメール文字（Jensen 1970: 85 ページより）

　象形文字は、意味を表しますので、**表意文字**の一種です。シュメール文字には、組み合わせによって別の語を示す方法があります。

図2　シュメール文字の組み合わせ（Jensen 1970: 87 ページより）

　これも、二つの意味を重ねて別の意味を作る表意文字といえます。現代の合成語とよく似ていますね（第 10 章 3.4 の「合成」を参照してください）。しかし、シュメール文字には、古くから、象形文字を使って、語の発音を表す**リーバス書式**（rebuse writing）という書き方がありました。たとえば、シュメール文字 ti「—≪」は、「矢」という意味に加えて「命」という意味も表し、mu「—≫」は「木」に加えて「名前」、「私の(-mu)」の意味も表しました。これは、表意文字から音を表す**表音文字**（一音節を表すので**音節文字**といいます）に移行する過渡期を示しています。

　シュメール文字は次第に広まってゆき、メソポタミア文明の楔形文字になりました。また、エジプト文明のヒエログリフにも影響を与えたといわれています。では、四大文明で使われたそれぞれの文字を紹介しましょう。

2.1　ヒエログリフ（エジプト文明）

　次の図 3 は、1799 年、ナポレオン軍がナイル川河口のロゼッタで発見した石（ロゼッタ石）に刻まれた**ヒエログリフ**（hieroglyphs）という絵文字です。

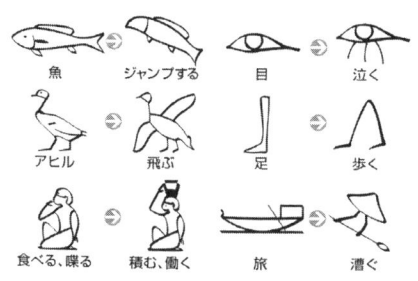

図3　ヒエログリフ（『世界のサインとマーク』9 ページより）

　ヒエログリフは、紀元前 3500 年もの昔から使用されていたといわれてい

ます。これらも、名詞や動詞の意味を表す絵文字で、象形文字です。初めは象形文字（表意文字）でしたが、次第に、シュメール文字と同じく、象形文字を使って、語の発音を表すリーバス書式が現れます。たとえば、楽器のリュートを表す文字「𓊽」（n-f-r と発音）が「よい」という意味の語としても使われたり、つばめを表す文字「𓅨」（w-r と発音）が「大きい」という意味の語としても使われるようになりました。これも、表意文字ら表音文字に移行しつつあったことを示します。このように複数の子音を表す文字は数多くありましたが、ヒエログリフはさらに進んで、一つの子音を一文字で表す（一音を表すので**単音文字**といいます）アルファベットに発展しました。図4は、ヒエログリフが次第に変形されて**アルファベット**になる様子を示します。

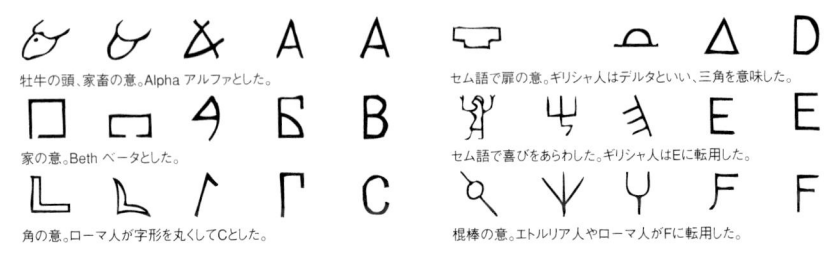

図4 ヒエログリフからアルファベットへ（『世界のサインとマーク』9ページより）

アルファベットは、音を表す表音文字です。ヒエログリフは、表意文字から表音文字に変化したのです。

2.2　楔形文字（メソポタミア文明）

楔形文字は、シュメール文字がもとになっています。次の図5は、シュメール文字を受け継いだ古バビロニア（紀元前1800年ごろ）や新アッシリア（紀元前600年ごろ）の楔形文字です。

シュメール語音訳	シュメール語意味	シュメール	古バビロニア	新アッシリア
DINGIR	神			
NAG	飲み物			
TÙR	動物のおり			
DUB	平板			

図5　シュメール文字から楔形文字へ（『世界言語文化図鑑』165ページより）

楔形文字には、シュメール文字から受け継いだ表音文字としての音節文字がありました（紀元前1500年ごろ）。

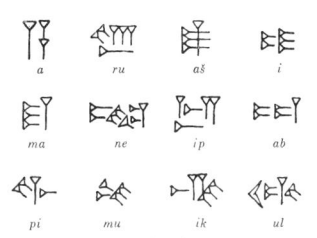

図6　音節文字としての楔形文字（Jensen 1970: 94ページより）

楔形文字は音節文字ですが、アルファベットのように単音文字には至りませんでした。これは、シュメール文字を受け継いだ古バビロニア語や新アッシリア語が音節言語であったことを示します。

2.3　インダス文字（インダス文明）

インダス文字は、北西インドのハラッパーやインダス川河口のモヘンジョダロ遺跡から発掘された象牙や銅器に刻まれた文字で、紀元前2500年ころのものと推定されています。しかし、言語の性質が全くわからず、刻まれた文字も省略が多く、解読は進んでいません。象形文字（表意文字）と音節文字（表音文字）が混ざっているのではないかと推測される程度です。しかし、

1868年にイースター島で発見されたコハウ・ロンゴ・ロンゴという木の板に刻まれた文字には、象形文字を使って語の発音を表すリーバス書式が使われていることがわかりました。

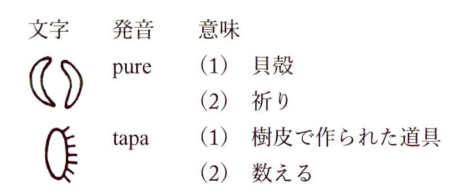

文字	発音	意味
（図）	pure	(1) 貝殻 (2) 祈り
（図）	tapa	(1) 樹皮で作られた道具 (2) 数える

図7　インダス文字のリーバス書式（Jensen 1970: 358ページより）

これは、インダス文字でも、表意文字から表音文字に至る過程があったことを示しています。

2.4　漢字（黄河文明）

中国の漢字の歴史は世界で最も古く、紀元前4000年以上までさかのぼり、しかも現在でも使われています。漢字はもともと象形文字で、古くは亀の甲に刻まれた甲骨文字でした。次の図8は、甲骨文字から現在の漢字に至る過程を示しています。

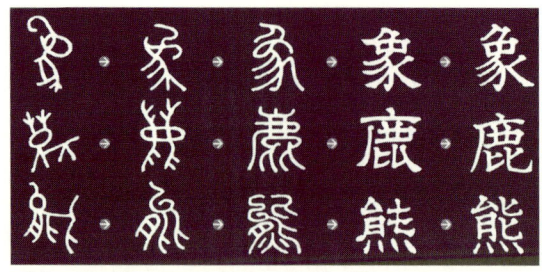

図8　動物を表す漢字の形の変遷（甲骨文字から漢字へ）（『世界のサインとマーク』10ページより）

曲線が次第に角ばって書きやすくなっています。漢字は中国では表音文字になりませんでしたが、日本に入って表音文字（ひらがなとカタカナ）になりました（3節参照）。

以上、シュメール文字、ヒエログリフ、インダス文字、漢字すべてに共通しているのは、表意文字から表音文字ができたことです。表音文字は、限ら

れた文字の組み合わせによって、ほぼ無限の語を創造できる文字で、人類の英知の結晶といえるでしょう。

2.5 ハングル

次に、世界の文字として、韓国語の文字であるハングルを紹介します。ハングルは1443年、国王世宗（セジョン）によって制定された文字で、母音と子音の組み合わせによってできている表音文字です。一文字で一音節を表しますので、音節文字です。母音と子音の記号は次のとおりです（韓国語の音素ですので / / で示します）。

（1） ハングルの母音と子音

母音　이 /i/、아 /a/、어 /ɔ/、애 /ɛ/、에 /e/、으 /ɯ/、오 /o/、우 /u/

子音　ㅁ /m/、ㄴ /n/、ㄹ /r/、ㅎ /h/、ㅂ /p/、ㄷ /t/、ㄱ /k/、ㅈ /tʃ/、ㅅ /s/

母音だけの場合、左または上に「ㅇ」を書きます。子音と母音からなる場合、子音は「ㅇ」の位置に来ます。いくつか例を挙げましょう。

（2） ハングルの子音と母音の組み合わせ

미 /mi/、나 /na/、라 /ra/、기 /ki/、데 /te/

子音と母音にもう一つ、音節末の子音（パッチムといいます）を組み合わせた次のような文字もあります。

（3） 子音・母音・子音の組み合わせ

김 /kim/「キム（人名）」、　　반 /pan/「クラス」、　　산 /san/「山」

2.6 チェロキー文字

世界の文字の最後は、セコイアの作ったチェロキー文字です。全部で86文字ありますが、ここでは、そのうちの24文字を示します。

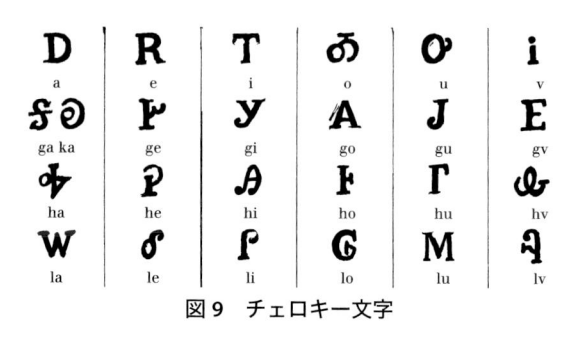

D a	R e	T i	♂ o	O u	i v
♐ ga ka	↙ ge	y gi	A go	J gu	E gv
♂ ha	℘ he	♌ hi	┣ ho	Γ hu	♋ hv
W la	σ le	⎡ li	G lo	M lu	℥ lv

図9　チェロキー文字

　これらの文字も、一文字が一音節を表す音節文字です。アルファベットと同じ文字が全く違う音を表すので、覚えるのが大変ですね。でも、チェロキー民族は、これらの文字をわずか2箇月で習得したそうです。すごいですね。

2.7　まとめ　文字の種類

　2節で取り上げたすべての文字は、意味を表す**表意文字**と、音声を表す**表音文字**に分けることができます。表音文字には、日本語のひらがな・カタカナのように一音節（一拍）を表す**音節文字**と、ローマ字のように単音の母音や子音を表す**単音文字**があります。表2にまとめます。

表2　文字の種類

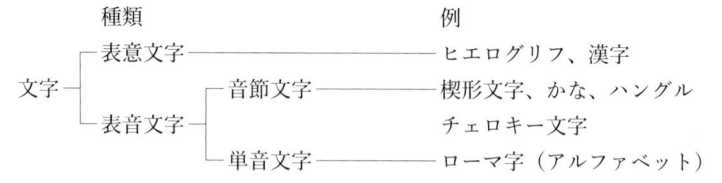

```
             種類               例
         ┌ 表意文字 ────── ヒエログリフ、漢字
文字 ─┤        ┌ 音節文字 ── 楔形文字、かな、ハングル
         └ 表音文字 ┤              チェロキー文字
                  └ 単音文字 ── ローマ字（アルファベット）
```

3.　日本人が使う文字

　日本人が使う文字は、**漢字・ひらがな・カタカナ・ローマ字**の四つです。このうち漢字は表意文字、ひらがな、カタカナは音節（拍）単位の表音文字、ローマ字は単音の表音文字です。

3.1 漢字

「漢字」の「漢」は中国のことで、漢字はもともと中国から来た文字です。ここでは、漢字の読み方、漢字の分類（六書）、漢字の部首について述べます。

3.1.1 漢字の読み方

漢字の読み方には、音と訓があります。音は中国語の音をまねた読み方、訓は日本人が漢字の意味を日本語に訳した読み方です。例を挙げます。

（4）　漢字の読み方

漢字	音	訓
飛	ヒ	とブ
足	ソク	あし

漢字の音はカタカナ、訓はひらがなで書くのがならわしです。

漢字の音には、いくつかの種類があります。これは、中国語の音そのものが時代によって変化したためです。

漢字が中国や朝鮮半島から日本に伝わったのは三、四世紀ごろだと言われていますが、その後、五、六世紀に仏教伝来とともに伝わった漢字音は**呉音**といい、中国南部の呉の地方で行なわれた音を反映しています。仏典は伝統的に呉音で読まれたため、「経文（きょうもん）」など仏教関係の漢語は呉音で読むのがふつうです。

七、八世紀、随・唐の時代に伝わった漢字音は**漢音**といい、唐の都長安で話された標準的な音を反映しています。日本語の漢字音の多くは漢音です。

さらに十一世紀の終わりには、禅僧によって新たに宋代以降の漢字音がもたらされました。このときの音を**唐音**といいます。

たとえば、「行」・「明」という漢字には、これらの三通りの音読みがあります。

（5）「行」・「明」の三つの音読み

読み方	「行」の例	「明」の例
呉音読み	修行（しゅぎょう）	光明（こうみょう）
漢音読み	旅行（りょこう）	明暗（めいあん）

唐音読み	行脚（あんぎゃ）	明朝（みんちょう）

3.1.2 漢字の分類

　後漢の許慎(きょしん)が著した『説文解字(せつもんかいじ)』には、9353もの漢字が収められていますが、それによれば、漢字は次の六種類に分けられます。これらを**六書**(りくしょ)といいます。

（6）漢字の六書

六書	意味	例
①**象形**	天地・動植物などの形を写したもの	日、月、山、木
②**指事**	事柄（数量・位置など）を示すもの	一、二、上、下、本、末
③**形声**	形（意味）と声（音）を組み合わせたもの	洞、桐、胴、銅
④**会意**	象形文字の意味を合わせたもの	林、森
⑤**転注**	漢字本来の意味を他の意味に転用するもの	「音楽」の「楽」→楽しい
⑥**仮借**(かしゃ)	音を利用して転用したもの	独逸、巴里、釈迦、旦那

①から④は漢字の構造による分類、⑤と⑥は漢字の用法による分類で、首尾一貫性のない分類方法です。②の「上」・「下」は位置関係を示す字で、真ん中の線の上と下に点をつけた「⸍」「⸌」から来ています。「本」・「末」は、それぞれ「木」の下と上に線を一本加えたものです。③の「洞、桐、胴、銅」は旁(つくり)の「同」が音を、偏(へん)の「氵」「木」「月」「金」が意味を表します。⑤の「林」は「木」の生い茂ったところ、さらにうっそうと生い茂ったところが「森」です。⑤の「楽しい」はもともと「ガク」と音で読みましたが、「音楽」が聞いて楽しいことから「たのシイ」という訓ができました。

3.1.3 漢字の部首

　漢和辞典で漢字の意味を調べたいとき、漢字の読みを知っていれば音訓索

引で調べることができますが、読みがわからないときでも、部首索引を使って調べることができます。

漢字一文字を左と右、上と下、内と外の二つの部分に分けると、図7「漢字の部首」に示すように、①「へん」、②「つくり」、③「かんむり」、④「あし」、⑤「たれ」、⑥「にょう」、⑦「かまえ」の七つの型に分類できます。この七つの型のどれかに属する、漢字の一部を**部首**といいます（『新版小学漢和辞典』の付録「二　漢字のくみたて」より）。

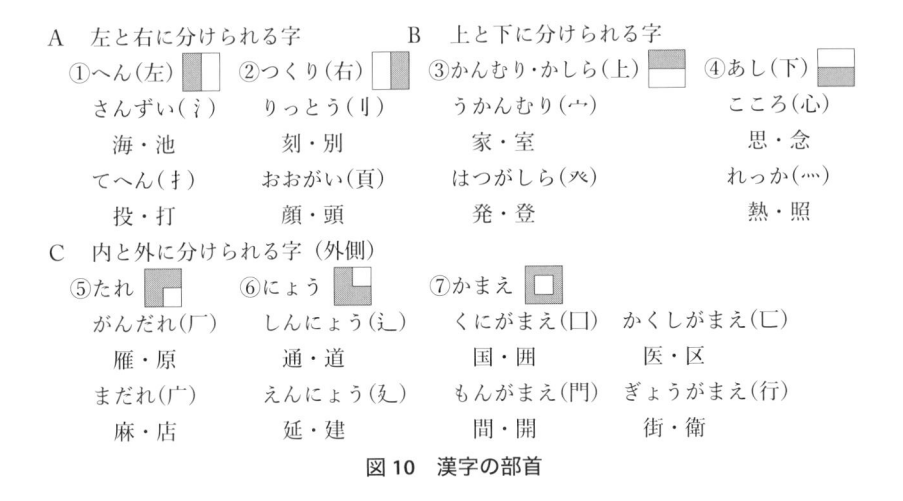

A　左と右に分けられる字　　　B　上と下に分けられる字
　①へん（左）　　②つくり（右）　　③かんむり・かしら（上）　　④あし（下）
　さんずい（氵）　りっとう（刂）　　うかんむり（宀）　　　こころ（心）
　　海・池　　　　刻・別　　　　　　家・室　　　　　　　　思・念
　てへん（扌）　　おおがい（頁）　　はつがしら（癶）　　　れっか（灬）
　　投・打　　　　顔・頭　　　　　　発・登　　　　　　　　熱・照
C　内と外に分けられる字（外側）
　⑤たれ　　　　⑥にょう　　　　　⑦かまえ
　がんだれ（厂）　しんにょう（辶）　くにがまえ（囗）　　かくしがまえ（匸）
　　雁・原　　　　通・道　　　　　　国・囲　　　　　　　医・区
　まだれ（广）　　えんにょう（廴）　もんがまえ（門）　　ぎょうがまえ（行）
　　麻・店　　　　延・建　　　　　　間・開　　　　　　　街・衛

図10　漢字の部首

部首にはそれぞれ意味があります。たとえば、「さんずい（氵）」は水、「てへん（扌）」は手の動作、「うかんむり（宀）」は家の屋根、「れっか（灬）」は火を意味します。

漢字を書くときには、部首の位置に気をつけてバランスの取れた字を書きましょう。また、部首をまちがえないようにしましょう。たとえば、「薄」という字は「くさかんむり（艹）」で、「さんずい（氵）」ではありません。

3.2　かな

中国人の作った漢字から、日本人は新たにかなを発明しました。その出発点は万葉がなといわれる文字です。万葉がなを簡略化してひらがなができ、その一部を取ってカタカナができました。

3.2.1 万葉がな

万葉がなは、漢字の意味を度外視してその音だけをまねた表記で、万葉集の和歌を書くのに使われました。万葉がなは、六書の中の仮借による表記法です。

（7）　和何則能尓　　宇米能波奈知流　比佐可多能　　阿米欲里由吉能　那何列久流加母
　　　 わかそのに　　うめのはなちる　ひさかたの　　あめよりゆきの　なかれくるかも
　　　 我が園に　　　梅の花散る　　　久方の　　　　天より雪の　　　流れ来るかも

（万葉集　巻5　822）

（訳　私の家の庭で梅の花が散っている。そのようすは、天から雪が流れて落ちてくるかのようだ）

この歌の中では、「宇米」「波奈」「阿米」などに、漢字の音が使われています。

3.2.2 ひらがな

奈良時代にできた万葉がなは、筆で書かれて**草書体**（草がな）になり、さらに簡略化されて**ひらがな**になりました。図11は、万葉がな「安」「以」「宇」「衣」「於」が次第に「あ」「い」「う」「え」「お」になっていく過程を示しています。

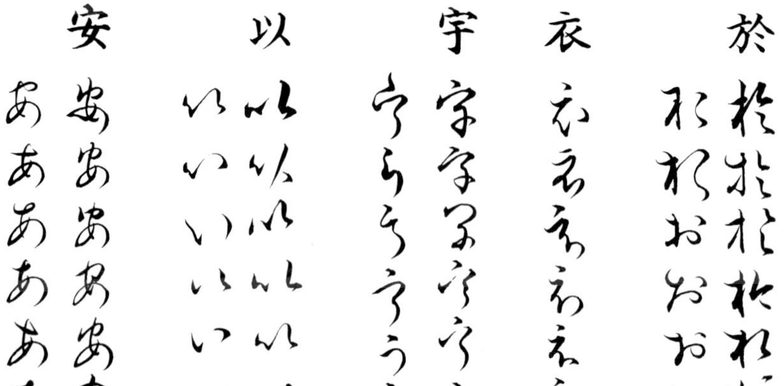

図11　ひらがなの誕生（児玉幸多『漢字くずし方辞典』より）

草書体は曲線的でやわらかく、平安時代には主として宮廷の女性が和歌や

手紙の文字として好んで用いました。『枕草子』や『源氏物語』などの代表的な文学作品も、みな草書体で書かれています。図 12 は、『古今和歌集』第九〇五首です。

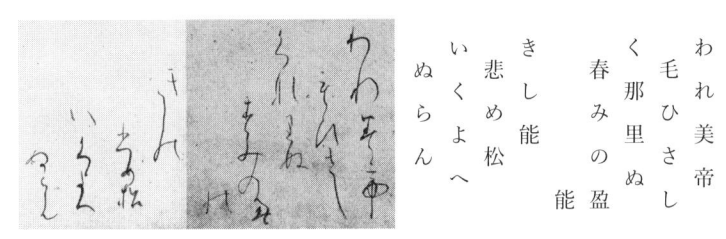

われ美帝
毛ひさし
く那里ぬ
春みの盈
きし能
悲め松
いくよへ
ぬらん
　　　能

図 12　古今和歌集第九〇五首

　この和歌「われ見ても　久しくなりぬ　住江の　岸の姫松　幾世経ぬらん」は、「私が見てからもうずいぶん長い時間がたってしまった。ここ、住江の岸にある姫松は、いったいどれほどの時代を経てきたのだろう」という意味です。古今和歌集巻第十七雑歌上に入り、「題しらず　読み人しらず」となっています。

3.2.3　カタカナ

カタカナは、万葉がなの一部を取ってできた文字です。表 3 にカタカナのもとになった万葉がなを挙げます。

表 3　カタカナのもとになった万葉がな

ア	阿	イ	伊	ウ	宇	エ	江	オ	於
カ	加	キ	幾	ク	久	ケ	介	コ	己
サ	散	シ	之	ス	須	セ	世	ソ	曽
タ	多	チ	千	ツ	川	テ	天	ト	止
ナ	奈	ニ	二	ヌ	奴	ネ	禰	ノ	乃
ハ	八	ヒ	比	フ	不	ヘ	部	ホ	保
マ	万	ミ	三	ム	牟	メ	女	モ	毛
ヤ	也	イ	伊	ユ	由	エ	江	ヨ	与
ラ	良	リ	利	ル	流	レ	礼	ロ	呂
ワ	和	ヰ	井			エ	慧	ヲ	乎

　たとえば、アは「阿」の「こざとへん」から、イは「伊」の「にんべん」

から、ウは「宇」の「うかんむり」から、エは「江」の旁（つくり）から、オも「於」の旁から来ています。「ン」は撥音符号「∨」から来ています。

カタカナは、平安時代の初めに僧侶によって発明された文字で、漢文を読むために使われました。師匠が言った漢文の読みを、弟子たちは、①狭い行間に、②速く、書き入れなければなりませんでした。画数が少ないカタカナはその二つの条件にかなっていたのです。

ひらがなとカタカナがどのようにしてできたのか、もう一度まとめましょう。

```
                        (筆で書かれて)              (簡略化されて)
                    ┌──────────→ 草書体（草がな）──────────→ ひらがな
         万葉がな ──┤
                    └──────────────────────────────────→ カタカナ
                              (一部を取って)
```

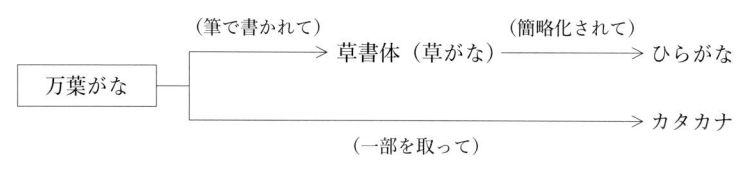

図13　ひらがなとカタカナの成立過程

3.2.4　かなづかい

文字は一度形式が定まれば、そのあとはあまり変化をしません。一方、音韻は歴史とともに次第に変化します。したがって、同じかなで表記されてもその音が変化することが起こります。たとえば、「とほし」は、はじめ /toφosi/ と発音されていて、その表記が「とほし」でした（/φ/ は無声両唇摩擦音です。第2章を参照）。しかし、その後、/towosi/ と発音されるようになると（語中・語尾のハ行子音が /φ/ から /w/ に変化することを**ハ行転呼**といいます）、その音にあわせて「とをし」というかな表記が現れました。

このように、音韻変化によって二つのかな表記ができると、どちらかに統一する必要が出てきます。そこで、表記の統一のためにできたのが**かなづかい**です。

3.2.4.1　定家かなづかい

藤原定家（ふじわらのていか）は、歌論書『下官集（げかんしゅう）』の「嫌文字事」の項に、「を」「お」、「え」「ゑ」「へ」、「い」「ゐ」「ひ」の8項目について、具体例を挙げてかなづかいの統一を説きました。これを**定家かなづかい**といいます。しかし、「宵」に「よ

ゐ」と「よひ」の二つのかなづかいを示したりするなど、徹底されたものではありませんでした。

3.2.4.2 歴史的かなづかい

契沖は、『和字正濫鈔』(1695年)を著して定家かなづかいを批判し、かなづかいの混乱が生じていない奈良時代の古典に拠り所を求め、それによって、より徹底された**歴史的かなづかい**をを示しました。これは、第二次世界大戦前まで、かなづかいの規範となりました。たとえば、次のようなものがあります。

(8) 歴史的かなづかい

あゐ(藍)　こゑ(声)　くわし(菓子)　けふ(今日)　ふぢ(藤)
みづ(水)　とを(十)　かは(川)　かほ(顔)

「ゐ」はワ行の「い」、「ゑ」はワ行の「え」です。「くわ」は**合拗音**といって、[kwa]と発音しました。現代では、あまりなじみのないかなづかいですね。

3.2.4.3 現代かなづかい

戦後、1946年、政府は国語審議会の決定にもとづき、「現代かなづかい」を「当用漢字表」とともに内閣訓令として公布しました。**現代かなづかい**は原則的に音声にもとづいていて、現代の音声にはない「ゐ」「ゑ」「くわ」「ぐわ」は、姿を消しました。しかし、次のように音声にもとづかない表記もあります。

(9) 現代かなづかいにおける音声にもとづく表記の例外

①助詞「を」「は」「へ」は、そのまま書く。
②「ぢ」「づ」は、連濁や連呼による場合だけ用いる。
　連濁の例　　みか**づ**き(三日月)　はな**ぢ**(鼻血)
　連呼の例　　ち**ぢ**む(縮む)　つ**づ**く(続く)
③オ列長音は、オ列のかなに「う」をつける。ただし、歴史的かなづかいで「ほ」「を」を用いる語は、次のように「お」と表記する。
　　とおい←とほし(遠し)　おおい←おほし(多し)
　　とおる←とほる(通る)　とお←とを(十)

このような例外を持つ問題点は、解決されないまま現在に至っています。

3.3　ローマ字

　ローマ字は、キリスト教や鉄砲とともに、ポルトガル人によって日本にもたらされました。天草版平家物語などのキリシタン資料、日葡辞書、ロドリゲス日本大文典などはみな、ローマ字書きの文献です。表4はこれらの文献で使われたローマ字です（このあとに挙げるヘボン式ローマ字、日本式ローマ字と同じ表記の na 行、ma 行、ra 行、ga 行、ba 行、pa 行は省きます）。

表4　ポルトガル人によるローマ字表記

a	あ	i	い	u/v	う	ie	え	uo/vo	お
ca	か	qi/qui	き	cu/qu	く	qe/que	け	co	こ
ʃa	さ	xi	し	ʃu	す	xe	せ	ʃo	そ
ta	た	chi	ち	tçu	つ	te	て	to	と
fa	は	fi	ひ	fu	ふ	fe	へ	fo	ほ
ya/ia	や	–		yu/iu	ゆ	–		yo/io	よ
ua/va	わ	–		–		–		uo/vo	を
za	ざ	ji	じ	zu	ず	je	ぜ	zo	ぞ
da	だ	gi	ぢ	zzu	づ	de	で	do	ど
xa	しゃ			xu	しゅ			xo	しょ
cha	ちゃ			chu	ちゅ			cho	ちょ

　このローマ字表記で、ハ行子音の「f」は当時の発音が無声両唇摩擦音［ɸ］であったことの証拠になります。また、「じ(ji)」と「ぢ(gi)」、「ず(zu)」と「づ(zzu)」の発音も区別されていたことがわかります。この「じ」「ぢ」「ず」「づ」を**四つ仮名**といいます。このように、実際の音声にもとづく表記は、『和英語林集成』(1867年)を著したヘボンによる、表5の**ヘボン式ローマ字**に受け継がれました（ただし、表4の「う(v)」「お(uo/vo)」「わ(ua/va)」「を(uo/vo)」、カ行子音の「c」サ行子音の「ʃ」「x」、ハ行子音の「f」の表記は、ヘボン式とは異なっています）。

表5　ヘボン式ローマ字

a	あ	i	い	u	う	e	え	o	お						
ka	か	ki	き	ku	く	ke	け	ko	こ	kya	きゃ	kyu	きゅ	kyo	きょ
sa	さ	**shi**	し	su	す	se	せ	so	そ	**sha**	しゃ	**shu**	しゅ	**sho**	しょ
ta	た	**chi**	ち	**tsu**	つ	te	て	to	と	**cha**	ちゃ	**chu**	ちゅ	**cho**	ちょ
na	な	ni	に	nu	ぬ	ne	ね	no	の	nya	にゃ	nyu	にゅ	nyo	にょ
ha	は	hi	ひ	**fu**	ふ	he	へ	ho	ほ	hya	ひゃ	hyu	ひゅ	hyo	ひょ
ma	ま	mi	み	mu	む	me	め	mo	も	mya	みゃ	myu	みゅ	myo	みょ
ya	や			yu	ゆ			yo	よ						
ra	ら	ri	り	ru	る	re	れ	ro	ろ	rya	りゃ	ryu	りゅ	ryo	りょ
wa	わ														
ga	が	gi	ぎ	gu	ぐ	ge	げ	go	ご	gya	ぎゃ	gyu	ぎゅ	gyo	ぎょ
za	ざ	**ji**	じ	zu	ず	ze	ぜ	zo	ぞ	**ja**	じゃ	**ju**	じゅ	**jo**	じょ
da	だ					de	で	do	ど						
ba	ば	bi	び	bu	ぶ	be	べ	bo	ぼ	bya	びゃ	byu	びゅ	byo	びょ
pa	ぱ	pi	ぴ	pu	ぷ	pe	ぺ	po	ぽ	pya	ぴゃ	pyu	ぴゅ	pyo	ぴょ

太字で示した shi（し）、sha（しゃ）、shu（しゅ）、sho（しょ）、chi（ち）、tsu（つ）、cha（ちゃ）、chu（ちゅ）、cho（ちょ）、fu（ふ）、ji（じ）、ja（じゃ）、ju（じゅ）、jo（じょ）が音声にもとづくヘボン式表記の特徴を表しています。

一方、「日本ローマ字会」が1921年に提示した**日本式**ローマ字は、同じ行の子音には同じ子音が使われるなど、音韻にもとづいた表記といえます（ヘボン式と同じ行は省きます）。

表6　日本式ローマ字

sa	さ	si	し	su	す	se	せ	so	そ	sya	しゃ	syu	しゅ	syo	しょ
ta	た	ti	ち	tu	つ	te	て	to	と	tya	ちゃ	tyu	ちゅ	tyo	ちょ
ha	は	hi	ひ	hu	ふ	he	へ	ho	ほ	hya	ひゃ	hyu	ひゅ	hyo	ひょ
za	ざ	zi	じ	zu	ず	ze	ぜ	zo	ぞ	zya	じゃ	zyu	じゅ	zyo	じょ

表6で、サ行、タ行、ハ行、ザ行にも「s」、「t」、「h」、「z」が共通の子音として使われています。また、小さい「ゃ」「ゅ」「ょ」を含む「きゃ」「きゅ」「きょ」などの**拗音**には必ず「y」が入っています。これは子音の口蓋化（第

3章の6.4「同化」を参照)を表す記号として使われています。

　ここで、「社長の次女は普通の子」という句をヘボン式ローマ字・日本式ローマ字で表してみましょう。太字の部分が違っています。

　　（10）　ヘボン式ローマ字と日本式ローマ字
　　　　ヘボン式　　**Shacho**o no **ji**jo wa **futsu**u no ko
　　　　日本式　　　**Syatyo**o no **zizyo** wa **hutu**u no ko

外国人にとって、音声にもとづいたヘボン式の方が親しみやすいので、駅の名前、道路標識などのローマ字表記はほとんどがヘボン式です。

4. おわりに

　この章では、まず世界の文字を紹介しました。その中で、世界の代表的な文字が象形文字（表意文字）を出発点として表音文字に変わっていったことを述べました。アルファベットなどの表音文字は、組み合わせによって、ほぼ無限の語を作ることができるすぐれものです。しかし、現代にも象形文字がないわけではありません。交通標識やロゴマークなどは、見てすぐわかる現代の象形文字です。Eメールの顔文字も現代の象形文字といえますね。

　後半では、日本人の使う文字を取り上げました。日本では、中国から漢字（表意文字）を取り入れ、それをくずしてひらがな（表音文字）を作り、その一部を取ってカタカナにしました。音節文字の誕生です。この漢字、ひらがな、カタカナにローマ字とアラビア数字を加えると、日本語の文字は全部で5種類にもなります。次の例を見てください。

　　（11）　日本語の5種類の文字（金田一 1988: 5ページより）
　　　　　　Yシャツ　見切り品　¥2,000 より

漢字は中国から伝わった文字、ひらがな・カタカナは日本人が発明した文字、ローマ字はローマ帝国から欧米各国に広まって日本に入った文字、アラビア数字はインドからアラビアを通ってヨーロッパに行き、日本に渡ってきた文字です。

　5種類もの文字を使い分ける言語は日本語以外にありません。外国の文化を受け入れる日本人の柔軟性はみごとなものですね。

第 4 章のキーワード

セコイア　チェロキー文字　文字　シュメール文字　象形文字　表意文字　リーバス書式　表音文字　音節文字　ヒエログリフ　単音文字　アルファベット　楔形文字　インダス文字　漢字　ハングル　音　訓　呉音　漢音　唐音　六書　象形　指事　形声　会意　転注　仮借　部首　万葉がな　ひらがな　草書体(草がな)　カタカナ　ハ行転呼　かなづかい　定家かなづかい　歴史的かなづかい　合拗音　現代かなづかい　ローマ字　四つ仮名　ヘボン式　日本式　拗音

参考文献

『世界のサインとマーク』村越愛策監修　2002 年　世界文化社
　「図 3　ヒエログリフ」、「図 4　ヒエログリフからアルファベットへ」は 9 ページより、「図 8　動物を表す漢字の形の変遷」は 10 ページより引用。

『世界言語文化図鑑』バーナード・コムリー他編　片田房訳　1999 年　東洋書林
　「図 5　シュメール文字から楔形文字へ」は 165 ページより引用。

『スタンダードハングル講座 1　入門・会話』梅田博之・金東俊　1989 年　大修館書店
　「(1)　ハングルの母音と子音」、「(2)　ハングルの子音と母音の組み合わせ」、「(3)　子音・母音・子音の組み合わせ」、「練習問題 1」は「0　文字と発音」の 4–15 ページより引用。

Jensen, Hans. 1970. *Sign, Symbol, and Script*. New York: Putnam's Sons. Originally, in German. Translated by George Unwin.
　「図 1　シュメール文字」(85 ページ)、「図 2　シュメール文字の組み合わせ」(87 ページ)、「図 6　音節文字としての楔形文字」(94 ページ)、「図 7　インダス文字のリーバス書式」(358 ページ)を引用。

Sequoyah. By James Rumford. 2004. Boston: Houghton Mifflin Company.
　「図 9　チェロキー文字」を引用。

『新しい国語学』佐田智明他　1988 年　朝倉書店
　「表 2　文字の種類」は「第二章　文字」の 47 ページより引用。

『新版国語学要説』佐藤喜代治編　1973 年　朝倉書店
　「表 5　ヘボン式ローマ字」「表 6　日本式ローマ字」は「第三章　文字」の 79 ページより引用。「(6)　漢字の六書」は 53–54 ページより、「表 3　カタカナのもとになった万葉がな」は 69、72 ページより引用。

『新版小学漢字辞典』進藤英幸監修　1991 年　教育同人社
　「図 10　漢字の部首」は付録の「二　漢字の組み立て」より抜粋して引用。

『漢字くずし方辞典』児玉幸多編　1982 年　近藤出版社
　「図 11　ひらがなの誕生」は、「付録　かな　くずし方の例」より一部を引用(494

–496 ページ)。

『日本語のデザイン』永原康史　2002 年　美術出版社
　「図 12　古今和歌集第九〇五首」は「二章　ひらがなの構図」の 41 ページより引用。

『漢字と遊ぶ』斎賀秀夫　1978 年　毎日新聞社
　「練習問題 7　中学生による創作漢字」は「Ⅰ　漢字と遊ぶ」の「1　漢和辞典にもない漢字」19 ページより引用。

なお、「表 4　ポルトガル人によるローマ字表記」はハワイ大学大学院東アジア言語文化学科の講義「日本語の歴史」(1997 年春学期、担当アレキサンダー・ボビン) で配られた資料です。

『日本語　下巻』金田一春彦　1988 年　岩波書店
　「(11)　日本語の 5 種類の文字」の例は 5 ページより引用。

推薦図書・ビデオ

セコイアの文字や伝記について知りたい人に
　⇒ *Sequoyah, Inventor of written Cherokee*. By Roberta Basel. 2007. Minneapolis: Compass Point Books.
　⇒ *Sequoyah*. By James Rumford. 2004. Boston: Houghton Mifflin Company.

漢字と楽しく遊びたい人に
　⇒『漢字と遊ぶ』斎賀秀夫　1978 年　毎日新聞社

漢字の読みに強くなりたい人に
　⇒『遊んで強くなる漢字の本』藁谷久三　1980 年　祥伝社

漢字の送りがなに迷ったときに
　⇒『用字用語新表記辞典』松村明監修　1973 年　第一法規出版

漢字の書き順を知りたいときに
　⇒『漢字書き順字典』藤原宏編　1979 年　第一法規出版

漢字の成り立ちについて知りたい人に
　⇒『漢字の語源　角川小辞典 1』山田勝美　1976 年　角川書店

漢字の成立と社会背景、漢字教育に興味ある人に
　⇒『漢字の過去と未来』藤堂明保　1982 年　岩波書店

漢字の歴史、文字の将来について興味ある人に
　⇒ビデオ「遥かなる漢字の旅 3［文字文化の将来］21 世紀はどうなる」NHK 制作　大修館書店

練習問題

1　2.5 を参考にして、次のハングルを読んでみましょう。
　　① 어디　② 보리　③ 가시　④ 밤　⑤ 감사

2　次の万葉がなによる万葉集の和歌を読んでみましょう。
　　①余能奈可波　牟奈之伎母乃等　志流等伎子　伊与余麻須麻須　加奈之可利家理
　　②久方乃　月夜乎清美　梅花　心開而　吾念有公
　　③白玉者　人尓不所知　不知友縦　雖不知　吾之知有者　不知友任意

3　ひらがなとカタカナの違いを考えてみましょう。

4　定家かなづかい、契沖かなづかいなどのかなづかいは、なぜ必要になってきたのですか。説明してください。

5　次の語を「A　ヘボン式ローマ字」と「B　日本式ローマ字」で書きなさい。
　　①足長おじさん
　　②七福神
　　③不思議な少年

6　横書きと縦書きの是非を論じなさい。

7　次の漢字は中学生による創作です。それぞれ何と読みますか。
　　①　姊　②　朦　③　鐥　④　囨　⑤　扂

第5章　意味論

1. はじめに　意味とは何か

　わたしたちの身のまわりは、さまざまな記号で満ちあふれています。非常口のサイン、温泉のマーク、男女のトイレのサインなど、だれもが目にしたことがあるでしょう。フランスの言語学者ソシュールは、この**記号**(sign)を**能記**(signifier)と**所記**(signified)に分けて説明しました。能記とは指すもの、所記とは指されるものです。交差点の信号も記号のひとつです。信号の場合、たとえば丸い青色は能記で、それによって指される「進め」が所記です。人間のことばも記号のひとつです。たとえば、「ペン」ということばを例に取ると、[pen]という音声(あるいは「ペン」という文字)が能記で、それによって表される実物のペンが所記になります。次の表を見てください。

表1　記号の例

記号	信号	ことば(ペン)	ことば(考える)
能記	青色の信号	[pen](音声)・「ペン」(文字)	[kaŋŋaerɯ](音声)
所記	進め	実物のペン	?

　このように記号を能記と所記に分けた場合、能記によって指される所記がその記号の**意味**(meaning)になります。したがって、「ペン」の意味は何ですか、と聞かれたら、実物のペンを見せれば手っ取り早いし、「ペン」の指すものを口頭で説明して、「ものを書くための道具」と答えることもできます。

　しかし、ペンのように目に見えるものではなく、目に見えない抽象的なことばの意味はどのように説明すればよいのでしょうか。たとえば、「考える」

ということばの意味は、相手に見せて示すことができません。そこで辞書を引くと、「あれこれと頭を働かせて**思いはかる**」と出てきます。そこで次に、「思う」ということばの意味を調べてみると、辞書には「こころにかけて気遣う。**考える**」と出てきます。要するに、「考える」の意味は「思う」で、「思う」の意味は「考える」という説明になりますが、これでは意味の説明にはなりません。意味が循環して（circular）いるからです。辞書に出てくることばの意味の説明には、このように循環する場合がよくあります。ふだん当たり前と思っていることばでも、説明するとなるとむずかしいものですね。では、ことばの意味はどのように説明したらよいのでしょうか。この章では、ことばの意味を研究する学問である**意味論**（semantics）を勉強しましょう。

2. ことばの意味の記述方法

　一つの語だけを取り上げて、その意味を考えるのはなかなかたいへんです。そこで、まず、具体的にいくつかの語を比べて意味を考えてみましょう。続いて、二つの文の意味関係を考えます。さらに、語の意味をいくつかの要素に分けて考える方法を示します。

2.1　語と語との意味関係を考える

　まずは、似たような意味を持つ類義語と、反対の意味を持つ対義語の実例を挙げます。次に、一つの語が複数の意味を持つ多義語と、同じ形式でも全く違う意味を持つ同音異義語の見分け方を提示します。最後に、上位語と下位語の意味関係を考えましょう。

2.1.1　類義語

　類義語（synonyms）とはお互いに似た意味を持つ語です。同義語という語を使う人もいますが、厳密な意味で全く同じ意味を持つ二つの語というのはありえませんので、ここでは、類義語という術語を使います。たとえば、「つめたい」と「寒い」は「温度を示す数値が小さい」という点で意味が似ていて、類義語といえます。類義語の意味の違いは、具体的な例文によって考え

ることができます。

（１）　この氷は手で触るとつめたい。
（２）　雨が顔の頬に当ってつめたい。
（３）　外に出ると、寒くて体が震えた。
（４）　体全体が寒く感じる。

(1)、(2)の「つめたい」の用例で、(1)は手による感覚、(2)は頬による感覚で、これらの用例から、「つめたい」は手などからだの一部による感覚を表すことがわかります。一方、(3)、(4)の「寒い」の用例から、「寒い」は体全体による感覚を表すことがわかります。

次の用例も見てみましょう（文のはじめのアステリスク「*」はその文が成り立たないことを示します）。
（５）　石がつめたい。
（６）　水がつめたい。
（７）　風がつめたい。
（８）　*石が寒い。
（９）　*水が寒い。
（10）　風が寒い。

(5)、(6)、(7)の用例から、「つめたい」は固体である「石」にも、液体である「水」にも、気体である「風」にも使えることがわかります。一方、「寒い」は(8)、(9)の用例から固体、液体には使えず、(10)の用例のように気体（空気、風など）にしか使えないことがわかります。「つめたい」と「寒い」の違いを次にまとめましょう。

（11）　「つめたい」と「寒い」の違い

語	感ずる場所	使われる対象
つめたい	からだの部分	固体・液体・気体
寒い	からだ全体	気体のみ

2.1.2 対義語

　対義語(antonyms)とは、共通点を持ちながら、ある一つの点において互いに対立する意味を持つ語です。すべてが対立するというわけではありません。たとえば、「男」と「女」は、「人間」という点では共通していますが、「性」という点で対立しています。また、「上がる」と「下がる」は、「空間における垂直の移動」という点では共通していますが、その方向が対立しています。つまり、「上がる」は下から上への移動、「下がる」は上から下への移動を表します。以下にこれをまとめましょう。

(12)　対義語の共通点と対立点

　　　対義語　　　　　共通点　　　　対立点
　　　男・女　　　　　人間　　　　　性（男性・女性）
　　　上がる・下がる　垂直移動　　　方向（上方向・下方向）

2.1.3 多義語と同音異義語

　多義語(polysemy)とは、一語でいくつかの異なる意味を持つ語です。**同音異義語**(homonyms)とは、形式は同じでも互いに意味が異なる語です。たとえば、「明るい」という語を辞書で調べると、次のように出てきます。

(13)　「明るい」の意味

　　　①［物がよく見えるように］十分光を出しているようす。
　　　②［性格・表情・状態などが］楽しそうである。

　　　　　　　　　　　　　　　　　　　　（『学研国語大辞典』より）

これは、「明るい」という語が①と②の二つの意味を持つ多義語であることを示しています。一方、辞書には「セイカ」という音声の漢語がたくさん出てきます。

(14)　セイカという音を持つ漢語

　　　製菓　聖歌　盛夏　生花　成果　生家　聖火　青果　精華　正価

これらはみな、音声は同じでも別々の意味を持っているので、同音異義語といいます。

　では、次のそれぞれのペアは多義語でしょうか、それとも同音異義語でしょうか。

第 5 章　意味論　81

（15）　ア　やさしい問題　　イ　やさしい母親
（16）　ア　連絡がたえる　　イ　悲しみにたえる

（15）では、アは「易しい」、イは「優しい」という別の漢字が当てられます。(16)も、アは「絶える」、イは「耐える」という別の漢字が当てられます。第4章でも述べたように漢字は表意文字ですから、異なる文字は異なる意味を表します。したがって、この場合、異なる漢字が当てられるので、同音異義語ということになります。次の外来語の場合はどうでしょうか。

（17）　ア　野球でフライを打ち上げる　　イ　魚のフライを揚げる
（18）　ア　バスに乗る　　　　　　　　　イ　合唱でバスのパートを歌う

(17)のアのフライには fly、イのフライには fry という別のつづりが当てられます。(18)もアのバスは bus、イのバスは bass で、英語では別の語です。英語では別の単語であったものが日本語でたまたま同音になったものですから、どちらも同音異義語です。

このように、二つの語に異なる漢字やつづりが当てられる場合は同音異義語といえます。この場合二つの意味は全く異なり、関連性がありません。別の語ですので、辞書には別項目のところに出てきます。一方、(13)の「明るい」の場合、「①明るい部屋」も「②明るい性格の人」も同じ漢字ですので、同じ語がいくつかの意味を持つ多義語になります。この場合、二つの意味は全く別々ではなく、互いに関連しています。つまり、①のような目に見える物理的な明るさが、②のように人の心の明るさを表すようになったわけです（「3.3 抽象化」の『物理的』→『心理的』を参照）。多義語の場合、辞書には同じ「明るい」の項目に出てきます。多義語と同音異義語の違いを次にまとめましょう。

（19）　多義語と同音異義語の違い

	文字（漢字）	意味の関連性	辞書の扱い
多義語	同じ文字	ある	同じ項目
同音異義語	別の文字（又はつづり）	ない	別項目

2.1.4　上位語と下位語

　ここまでは、二つの語を比べてきましたが、ここでは少し視点を変えて、

さまざまなことばの関係を考えてみることにしましょう。まずは、身のまわりにあるものを挙げてみます。

　（20）　身のまわりにあるもの
　　　　いす、テーブル、時計、辞書、薬、コーヒーカップ、テレビ、タンス、
　　　　茶碗、皿

この中で、同じ種類のものとして扱えるものはどれでしょうか。たとえば、「コーヒーカップ、茶碗、皿」は食器、「いす、テーブル、タンス」は家具としてまとめることができます。ここで、食器は「コーヒーカップ、茶碗、皿」を含みますので、食器を**上位語**（hyperonym）、「コーヒーカップ、茶碗、皿」を**下位語**（hyponym）といいます。次の例のように、上位語は常に下位語を含みます。

　（21）　上位語と下位語
　　　　上位語　　　　下位語
　　　　家具　　　　　いす、テーブル、タンス
　　　　動物　　　　　犬、猫、象
　　　　自然　　　　　山、川、海
　　　　花　　　　　　すみれ、パンジー、ひまわり
　　　　感情　　　　　うれしい、悲しい、楽しい

上位語と下位語の関係は、これにとどまりません。上位語の上位語、下位語の下位語もあります。たとえば、動物にはさらに上位語として生物があり、生物の下位語は動物と植物です。また、犬には、さらに下位語としてコリー、チワワ、プードルなどがあります。この関係は、次のように表されます。

表2　上位語と下位語の関係

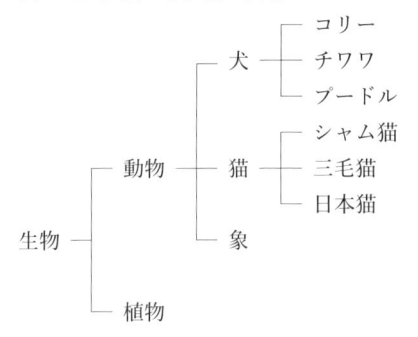

```
                    ┌── コリー
              ┌─ 犬 ├── チワワ
              │    └── プードル
      ┌─ 動物 │    ┌── シャム猫
      │      ├─ 猫 ├── 三毛猫
生物 ─┤      │    └── 日本猫
      │      └─ 象
      │
      └─ 植物
```

このように、ことばは意味によって重層的に構成されています。

2.2　文と文との意味関係を考える

　文も、語と同じように他の文と比べることによって、意味を分析することができます。ここでは、言い換え・含意・矛盾の三つの関係について考えましょう。

2.2.1　言い換え

　同じ意味を持つ二つの文は**言い換え**(paraphrase)ということができます。次の例を見ましょう。

(22) A　警官が泥棒を追いかけた。
　　 B　泥棒が警官に追いかけられた。
(23) A　花子に贈り物をあげた。
　　 B　贈り物を花子にあげた。
(24) A　花子は太郎から車を買った。
　　 B　太郎は花子に車を売った。
(25) A　ゲームは3時に始まる。
　　 B　3時にゲームは始まる。

それぞれのペアは意味がよく似ていますね。たとえば(22)では、Aの「警官が泥棒を追いかけた」ことが真で(true)あるならば、Bの「泥棒が警官に

追いかけられた」のも真です。逆に、Bの「泥棒が警官に追いかけられた」のが真であるならば、Aの「警官が泥棒を追いかけた」のも真です。この場合、二つの文は**真の条件**(truth conditions)を共有しているといいます。結局、二つの文があって、「AならばBである」が真で、同時に「BならばAである」も真である場合、二つの文の関係は「言い換え」ということになります。

　二つの文が同じ意味であることをいうのに、真の条件を共有すれば十分であるという学者もいます。しかし、(22)から(25)のAとBには微妙な違いがあります。たとえば、(22)のAでは警官がしたことについて言っているのに対し、(22)のBでは泥棒がどうなったかについて言っていて、文の焦点が異なっています。同じように(25)のBはAよりも始まる時間がより強調されているといえます。前節で完全な同義語はないことを述べましたが、同じように全く同じ意味を持つ二つの文もありえないことになります。

2.2.2　含意

　前節の言い換えの文で、「AならばBである」が真であるというのは、「AがBを含む」ということで**含意**(entailment)の関係にあります。言い換えの場合、同時に「BならばAである」も真でした。つまり、含意が両方向でした。しかし、この含意が一方向である場合もあります。

(26) A　公園管理人が熊を殺した。
　　 B　熊が死んでいる。
(27) A　薫は男だ。
　　 B　薫は人間だ。

(26)のA「公園管理人が熊を殺した」が真であるならば、Bの「熊が死んでいる」も真でなければなりません。しかし、逆は必ずしも真ではありません。公園管理人が殺さなくても熊が死ぬことがあるからです。同じように、(27)のAで「薫は男だ」が真であれば、Bの「薫は人間だ」も真です。しかし、その逆は真とは限りません。薫が人間であっても、男とは限らないからです。薫は男にも女にも使われる名前です。

　結局、二つの文があって「AならばBである」は真であるが逆は必ずしも真ではない場合、二つの文の関係は「含意」ということになります。

2.2.3 矛盾

一つの文が真であるとき、他の文は**偽**(false)でなければならないことがあります。次の例を見てください。

(28) A 太郎は独身だ。
　　 B 太郎は結婚している。

太郎が独身であることが真であれば、結婚していることは真であることはできません。二つの文が同時に真ではありえないとき、つまり「AならばBである」が偽である場合、二つの文の関係を**矛盾**(contradiction)といいます。

ここで二つの文の関係の見分け方をまとめましょう。なお、「A→B」は「AならばBである」、「A⊃B」は「AはBを含む」という意味です。

(29)　二つの文の関係の見分け方　　　　　　　　　　　　　記号

　　　言い換え　「A→B」と「B→A」がともに真である。　　A⇌B
　　　含意　　　「A→B」は真であるが、「B→A」は真とは
　　　　　　　　限らない。　　　　　　　　　　　　　　　　A⊃B
　　　矛盾　　　「A→B」が偽である。　　　　　　　　　　　A↛B

2.3　語の意味をいくつかの要素に分ける

もう一つのわかりやすい意味の説明として、意味をいくつかの要素に分けるやり方を取り上げましょう。まずは、外延と内包に分けて記述する方法を紹介し、次に意味特徴を使った記述の方法を紹介します。

2.3.1　外延と内包

あることばによって指される範囲を**外延**(extension)、その範囲のものが共通して持っている性質を**内包**(intension)といいます。たとえば、「動物」ということばを辞書で調べてみると、次のような意味が出てきます。

(30)　「動物」の意味
　　　①生物の二大区分の一つ。多くは<u>自由に動きまわり、感覚の働きがあり、ほかの生物を食べて生きている</u>。<u>人間・けもの・鳥・魚・虫</u>など。
　　　②「動物①」から人間を除いたもの。特にけもの。

(『学研国語大辞典』より)

(30)で、あとの波線部「人間・けもの・鳥・魚・虫」は動物の範囲を示した外延です。一方、前の下線部「自由に動きまわり、感覚の働きがあり、ほかの生物を食べて生きている」は動物に共通の性質を表している内包です。辞書の説明の多くは、このように外延と内包からなっています。なお、②は「野生の動物」「動物的勘」などに使われる、人間を除いた「動物」を指して使われる場合で、①とは外延が異なっています。

2.3.2 意味特徴

前節で述べたことばの内包(ある語に属するものが共通して持っている性質)を、いくつかの要素に分けて示すというわかりやすい方法があります。この要素のひとつひとつを**意味特徴**(semantic feature)といいます。たとえば、「男」、「女」、「少年」、「少女」という四つの語は、次のような三つの意味特徴(「±人間」「±大人」「±男性」)によって表すことができます。

(31) 四つの語の意味特徴による表示

語	男	女	少年	少女
意味特徴1	＋人間	＋人間	＋人間	＋人間
意味特徴2	＋大人	＋大人	−大人	−大人
意味特徴3	＋男性	−男性	＋男性	−男性

意味特徴はすべて、プラスかマイナスで表されます。2の「−大人」、3の「−男性」は、それぞれ「＋子供」、「＋女性」の意味です。しかし、「±大人」、「±男性」で表すほうが一語ですむので、より合理的です。ここでは「±」表示を使いましょう。なお、「±大人」・「±男性」の代りに「±子供」・「±女性」を使うこともできます。

さて、この意味特徴を使うと、2.1.2で扱った対義語の選出に役立ちます。対義語とは、共通点を持ちながら、ある一つの点において互いに対立する意味を持つ語でしたね。(31)の四つの語の中では、どれとどれが対義語でしょうか。

まず、「男」と「女」を見てみましょう。この二つは、「＋人間」と「＋大人」が共通していて、意味特徴「男性」だけが異なりますから対義語です。

次に、「男」と「少年」も、「＋人間」と「＋男性」が共通で、意味特徴「大人」だけが異なる対義語です。「女」と「少女」も同様です。

では、「男」と「少女」はどうでしょうか。「＋人間」は共通ですが、二つの意味特徴「大人」と「男性」が異なっていますね。ですから対義語とはいえません。「女」と「少年」も同様です。

3. 概念体系としての意味を考える

2節では、意味を要素に分けたり、プラスマイナスで表したりしました。しかし、ことばの意味は、数字や公式によって割り切れるものばかりではありません。むしろ、割り切れないものの方が多くあります。しかし、そうはいっても、私たちがことばを使って自分の言わんとすることを表現する背景には、一定の原理によって統一され、組織化された**概念体系**（conceptual system）があります。

この節では、意味がことばによってどのように表現されるのかを、概念体系の研究によって明らかにしましょう。まず、境界線を引くことがむずかしいあいまいな概念の例を挙げ、次に概念と概念を結びつける隠喩について述べ、最後に具体から抽象に意味変化する抽象化を取り上げます。

3.1 あいまいな概念

概念（concept）とは、ことばによって私たちが頭の中に思い浮かべるイメージのことです。たとえば、「赤いバラ」といえば、鮮やかな色のバラをイメージすることができるでしょう。しかし、このように具体的でなく、境界線があいまいな概念もあります。たとえば、「頭がいい」ということばの概念を考えてみましょう。偏差値がいくつ以上だったら「頭がいい」という基準が、はたして設けられるでしょうか。偏差値が低くても、要領よく世渡りができる人は「頭がいい」、といえるかもしれませんね。このように、「頭がいい」の概念は、場合によって、また使う人によっても少しずつ異なります。このような概念のことを**あいまいな概念**（fuzzy concept）といいます。ほかにも、「年取った」「背が高い」「きれいな」「バーゲン」「強い」「スポーツマン」

など、日常よく使うことばの中には、あいまいさに満ち満ちているものがたくさんあります。

　概念を記述する上で、もうひとつ大切なことは、ある概念に属するいくつかの語に**典型性**（typicality）による**段階**（grade）があるということです。たとえば、「鳥」ということばを辞書で調べると、「前肢が羽に進化し、温血で、卵を産み、羽が生えた脊椎動物」という定義が出てきます。しかし私たちは、そのような共通の概念を持っているにもかかわらず、ある種の鳥はほかの鳥よりもずっと鳥らしいと感じています。スズメやハトはダチョウやペンギンよりも鳥らしいということは、だれでも直感でわかりますね。

　このような例によって、概念には段階性があることがわかります。

図1　「鳥」という概念の段階性

　図1では、一番内側に**原型的**（prototypical）な鳥が来て、外側にいくにしたがって典型的でない鳥になります。スズメやハト、カラスなど、日常よく見かける鳥が内側に来ていますね。一方、フクロウやワシなど、日常あまり見かけない鳥は外側に来ています。また、ペンギンやニワトリなど、空を飛べ

ない鳥が外側に来ていることから、空を飛ぶというのも鳥の典型的概念のようです。

あいまいな概念や概念の段階的構造があるということは、ことばで表現される概念の多くは、黒白はっきりした厳格な概念ではないことを示しています。

3.2 隠喩

ことばによって表される概念は、それぞれがばらばらというわけではありません。むしろ、互いに関係しあって大きなネットワークを構成しています。そのよい例が、ひとつの概念を別の概念で表す隠喩 (metaphor) です。たとえば「あの人はバラの花のようにきれいだ」という場合、バラの花のイメージによって女性の美しさを表しているわけで、「バラの花」と「女性」という別々の概念が、美しさという点で結びついているといえます。

隠喩といえば、作家や詩人だけが使える文学的手段だと考えてしまいがちですが、実は私たちも日常よく使っています。たとえば、時間を日用品のように扱う隠喩を挙げましょう。

(32)　時間を無駄に使わないでください。
(33)　時間を節約しましょう。
(34)　あなたは私の時間を盗みました。

これらの四角で囲んだ時間は、すべて「お金」に置き換えることができます。つまり、傍線部の「使う」「節約する」「盗む」は、もともとは、お金などの目に見える「もの」と結びついた語でした。それがここでは、「時間」という概念に結びつけて、時間をもののように扱っています。

3.3 抽象化 (metaphorical extension)

前の節で、「お金を使う」と「時間を使う」の違いは何でしょうか。たとえば千円使うときの千円札は見えますが、時間を使うときの時間は見えません。したがって、「お金を使う」の方が「時間を使う」よりも、より具体的な用法と言えます。この場合、「お金」と「時間」は別々の語で、一方は目に見える『もの』という概念、もう一方は目に見えない『時間』という概念

を表します。ここで、『もの』は、目に見える「机」「椅子」などの物体を代表した概念、『時間』は、目に見えないが、「1時間」、「1分」など、数字で表すことができる語を代表した概念を表します。このように、ある範囲の語を代表した概念を**意味範疇**（semantic category）といい、『 』で示すことにします。しかし、同じ語が二つの異なる概念を表す場合もあります。次の例を見ましょう。

　　（35）　人の<u>あと</u>について行く。

この「あと」は空間的な「うしろ」という意味です。「あと」はもともと「足跡」という意味でした。足跡は目に見える『もの』という概念に属します。それが空間的「うしろ」を表すようになるのは、図2のように、足跡が人の「うしろ」にできるからです。

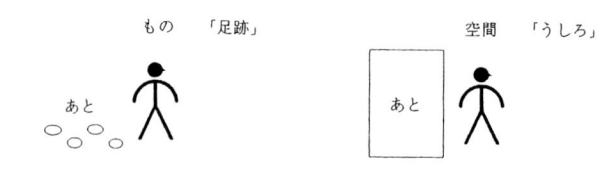

図2　「あと」の「足跡」（『もの』）から「うしろ」（『空間』）への変化

ここで、『もの』に属する「足跡」は触ることができ、『空間』に属する「うしろ」は触れませんから、前者の方が具体的です。文献を歴史的に見てみると、前者の用例が先に現れ、後者は後に出てきます。したがって、ひとつのことばの意味が具体から抽象へと変化することになります。これを**抽象化**（metaphorical extension）といいます。この意味変化を『もの』→『空間』と表すことにしましょう。

　さらに、次の例を見てください。

　　（36）　<u>先</u>が思いやられる。
　　（37）　<u>末</u>は博士か大臣か。

「先」も「末」も時間的未来を表しています。「先」や「末」はもともと「ものの先端や末端」を指し、空間的概念を表していましたが、「先」は自分の前にある空間を表し、前の空間はこれから足を踏み入れる空間であることから、図3のように、時間的概念である「未来」を表すようになります。

図3 「さき」の空間的「前」から時間的「未来」への変化

ここでも、空間的「前」は目に見え、時間的「未来」は目に見えませんから、前者の方が具体的です。歴史にも前者の用例が先に現れ、後者は後に出てきますので、意味は具体から抽象へと変化しています。「末」も木の末（梢）など、木の最も遠い末端という空間的概念から、時間的に「遠い将来」を指すようになりました。この意味変化を『**空間**』→『**時間**』と表すことにしましょう。次の例に移ります。

(38) 志が高い。
(39) 次元の低い考え。

「高い」「低い」はもともと空間的概念でしたが、高いところからは低いところを見下ろすことができるという位置関係から、(38)の「高い」はよい質を、(39)の「低い」は悪い質を表すようになりました。これを『**空間**』→『**質**』と表しましょう。次の(40)はどうでしょう。

(40) 燃える闘魂。

「燃える」はもともと物理的に「火」が燃えるようすを表しましたが、この場合、火が燃え盛るように「闘魂」が燃えるようすを表しています。「闘魂」は心を表しますので、この変化は、『**物理的**』→『**心理的**』と表します。

これまでの意味変化を次にまとめましょう。

(41) 意味変化の公式（具体から抽象へ）

　　　　　公　式
　　具体的　→抽象的　　　　　意　味
　　『もの』　→『空間』　『もの』を表していた語が『空間』を表すようになる。
　　『空間』　→『時間』　『空間』を表していた語が『時間』を表すようになる。

　　　　『空間』　→『質』　　　『空間』を表していた語が『質』を表すようになる。
　　　　『物理的』→『心理的』　『物理的』様子を表していた語が『心理的』様子を表すようになる。

このように、ことばの意味は具体から抽象へと変化します。

4. おわりに

　この章では、「±」の意味特徴や隠喩の公式などを使って、ことばの意味を数学的に扱ってきました。しかし、人間のことばは、そう簡単に割り切れるものばかりではありません。たとえば、「はじめに」で挙げた「思う」と「考える」の違いを記述するのに必要な意味特徴はあるでしょうか。心のいとなみですから「＋心」としたらどうでしょう。それでも二つを区別することはできません。

　さらに2節では、同音語で別の漢字が当てられた場合は意味が異なるので同音異義語であるというやり方を示しました。しかし、たとえば「付く」と「着く」の場合はどうでしょう。もちろん、違う漢字だから別の語だということも考えられます。確かに「ごみが服に付く」と「列車が駅に着く」では同じ「つく」でもずいぶん意味が違うように思えます。ところが、「ごみ」も「列車」も、もとは別のところにあったものが「服」や「駅」に接着し、結果的にその中にあるという点で、もともとは同じ語源ではないかとも考えられます。

　みなさんも、いろいろなことに疑問を持ち、解決方法を模索してみてください。

第5章のキーワード

　記号　能記　所記　意味　意味論　類義語　対義語　多義語　同音異義語　上位語　下位語　言い換え　真　真の条件　含意　偽　矛盾　外延　内包　意味特徴　概念体系　概念　あいまいな概念　典型性　段階　原型的　隠喩　意味範疇　抽象化　もの　空間　時間　質　物理的　心理的

参考文献

『一般言語学講義』　フェルディナン・ド・ソシュール　小林英夫訳　1940 年　岩波書店
O'Grady et al. 2005. *Contemporary Linguistics*. Fifth Edition. Boston/ New York: Bedford/ St. Martins.
　　「2.2　文と文との意味関係を考える」「2.3　語の意味をいくつかの要素に分ける」
　　「3.1　あいまいな概念」は Chapter 6: 204–212 ページの記述を翻訳し引用。
『イメージ・スキーマに基づく格パターン構文』伊藤健人　2008 年　ひつじ書房
　　「図1「鳥」という概念の段階性」は 138 ページの「図2　鳥のカテゴリー」を引用。
『学研国語大辞典』　金田一春彦・池田弥三郎編　1978 年　学習研究社
　　「(30)「動物」の意味①、②」はこの辞書の「動物」の項を引用。
『構造的意味論』　国広哲弥　1967 年　三省堂
　　「(11)「つめたい」と「寒い」の違い」は「意味論」の「2 日英温度形容詞の意義素の構造と体系」13–14 ページによる。
『形式語の研究』　日野資成　2001 年　九州大学出版会
　　「図2「あと」の「足跡」から「うしろ」への変化」と「図3「さき」の空間的「前」から時間的「未来」への変化」は「第2章抽象化」の 28 ページと 31 ページより引用。

推薦図書

意味分析の方法と実践について知りたい人に
　　⇒『意味分析の方法』　森田良行　1996 年　ひつじ書房
類義語の意味記述について知りたい人に
　　⇒『構造的意味論』　国広哲弥　1967 年　三省堂
　　⇒『基礎日本語』　森田良行　1977 年　角川書店
　　⇒『類義語使い分け辞典』　田忠魁・泉原省二・金相順編　1998 年　研究社出版
対義語関係にある語を調べたい人に
　　⇒『反対語辞典』　櫻井正信監修　1991 年　日本文芸社
隠喩の結びつきについて知りたい人に
　　⇒『形式語の研究』　日野資成　2001 年　九州大学出版会
　　⇒ Lakoff, George and Mark Johnson. 1980. *Metaphors We Live By*. Chicago: University of Chicago Press.
文法化における意味変化について知りたい人に
　　⇒『形式語の研究』　日野資成　2001 年　九州大学出版会
　　⇒『文法化』　P.J. ホッパー・E.C. トラウゴット　日野資成訳　2003 年　九州大学出版会

練習問題

1 次のそれぞれのペアは、「A類義語」ですか、それとも「B対義語」ですか。A、Bの記号で答えなさい。
  ①ア　おじいさん　　イ　祖父　　②ア　上(のぼ)り　　イ　下(くだ)り
  ③ア　長い　　　　　イ　短い　　④ア　つかむ　　イ　つまむ
  ⑤ア　原告　　　　　イ　被告　　⑥ア　投げる　　イ　ほうる

2 次のそれぞれのペアは「A多義語」ですか、それとも「B同音異義語」ですか。A、Bの記号で答えなさい。
  ①ア　長い道　　　イ　長い話　　②ア　登校　　イ　投稿
  ③ア　紙　　　　　イ　髪
  ④ア　夜があける　イ　窓をあける

3 次のそれぞれの文のペアの関係は、「A言い換え」「B含意」「C矛盾」のどれですか。A、B、Cの記号で答えなさい。
  ①ア　花子は太郎の妻だ　　イ　花子は結婚している
  ②ア　一郎は一人っ子だ　　イ　次郎は一郎の弟だ
  ③ア　最寄りの駅まであと3キロで着きます
  　イ　あと3キロで最寄りの駅に着きます

4 次のそれぞれの語句の外延と内包を答えなさい。
  ①日本の首都　　②スポーツ

5 次のそれぞれの二つの語に当てはまる意味特徴をいくつか考え、それによって二つの語を区別しなさい。
  ①「先生」と「生徒」　　②「おじいさん」と「おばあさん」

6 次の例文中の傍線部で使われている語の意味変化を公式で答えなさい。
  ①あしびきの山鳥の尾のしだり尾のながながし夜を一人かも寝む

(万葉 2802 異本)
②かくとだにえやはいぶきのさしも草さしもしらじな燃ゆる思ひを
(後拾遺・恋一)
③朝髪の思ひ乱れてかくばかりなねが恋ふれそ夢に見えける
(万葉 724)

第 6 章　語用論

1.　はじめに　語用論とは何か

「1000 円からでよろしかったでしょうか」。店で買い物をして、レジで 1000 円出した客に対するレジの人のことばです。この言い方は全国各地で聞かれるようになりました。これに対して、「から」は無意味だから必要ないとか、現在のことなのに過去形はおかしいと批判し、今の若者のことば使いは乱れていると嘆く人もいます。これは、ことばを文法（ことばの内的構造の研究）という観点から見た場合の考えです。しかし、話し手は、いつも文字どおりの意味でことばを使うとは限りません。この「から」は客が出したお金が 1000 円であることを強調し、確認する機能があると考えることもできるでしょう。また、現在のことなのに過去形「よろしかった」を使うのは、直接を避けた丁寧表現と見ることもできるでしょう。英語でも、Can you help me? よりも can の過去形 could を使った Could you help me? の方がより丁寧ですよね。

このように、コミュニケーションの現場では、文法では説明がつかないようなことばの使い方がよく出てきます。このような、文法以外のことば使いの法則を研究する学問を**語用論**（pragmatics）といいます。ここではまず、文の語用論的解釈と、語用論が問題にする具体例を挙げて語用論への導入をします。次にグライスによる会話の格言・会話行為・ポライトネス理論を紹介します。最後に語用論標識（談話標識）についても少し述べます。

2．文の語用論的解釈

　語用論による文の解釈は、文法的分析によるのでなく、前提となる一般的考えによっています。たとえば、次の二つの文を考えてみましょう。

（1） a　The judge denied the prisoner's request because **he** was cautious.
　　　　裁判官は、彼が用心深かったので、囚人の要求を断った。
　　 b　The judge denied the prisoner's request because **he** was dangerous.
　　　　裁判官は、彼が危険だったので、囚人の要求を断った。

この二つの文は、最後の形容詞 cautious（用心深い）と dangerous（危険な）以外は全く同じ文です。文法的には、(a) と (b) の he がそれぞれだれを指すかを知る手がかりはありません。にもかかわらず、(a) の he は裁判官を指し、(b) の he は囚人を指すことはだれにもわかります。これは、社会における裁判官と囚人の性質や特徴に対する一般的考え、つまり裁判官は用心深く、囚人は危険であるという考えによっています。

　次の文はどうでしょうか。

（2） a　Have you **stopped** exercising regularly?
　　　　規則正しい運動はやめたのですか。
　　 b　Have you **tried** exercising regularly?
　　　　規則正しい運動をしようとしたことがありますか。

動詞 stop を使うと、聞き手が規則正しく運動してきたことが話し手の前提になりますが、動詞 try はそのような前提とは関係ありません。

　次の文を見ましょう。

（3） a　Nick **admitted** that the team had lost.
　　　　ニックはチームが負けたことを認めた。
　　 b　Nick **said** that the team had lost.
　　　　ニックはチームが負けたと言った。

admit を使うとチームが負けたことが話し手の前提になりますが、say を使うとそのような前提はなく、話し手は単に事実を述べているだけです。もう一つ挙げます。

（4） a　Abraham Lincoln was **assassinated** in 1865.

エブラハム・リンカーンは 1865 年に暗殺された。
b Abraham Lincoln was **murdered** in 1865.
    エブラハム・リンカーンは 1865 年に殺された。

assassinate を使うと、リンカーンが傑出した人物だったことが話し手の前提になりますが、murder を使うとそのような前提はありません。このように、動詞一つ変えるだけで、話し手の前提を含むかどうかの違いが現れます。

3. 語用論が問題にする具体例

たとえば、次のような例は語用論にかかわっています。
（5） パーティーで、田中さんが「今日の料理はＡ子が作っているよ」と言ったのに対し、鈴木さんが「今日は胃腸薬を用意した方がいいな」と言ったら、Ａ子は料理が上手でないという意味である。
（6） 満員電車で人の足を踏んでしまったとき「足を踏んでしまってごめんなさい」と言えば、これはおわびの行為である。「ＡさんはＢさんに足を踏んでしまったことをあやまった」はおわびの行為ではない。
（7） 「二人は夫婦であることを宣言する」は、カトリックの司祭が言えば、結婚式での行為であるが、8 歳の子供が言ったら、そうではない。
（8） 「どちらまで？」というあいさつ表現に対する適切な答えは「ちょっとそこまで」であり、たとえば「有楽町まで」は不適切な答えである。
（9） 招待した人が客に対して「何もありませんが、どうぞ」と言ったとき、客が「あるじゃないですか」と言い返すのは不適切である。

この (5) から (9) の例は、次のように解釈できます。
（5） 人のことばには、実際に言っていないことをほめかすことがある。
（6） 文を言うことで、言うだけでなく、することができる。
（7） 会話における参与者の性質が、言ったことの効果を高める。
（8） 質問に対する正しい答えが適切とは限らない。

（9）　話し手は、文字どおりの意味で言うとは限らない。

このようなさまざまな会話の例をもとに、**グライス**（Grice 1989）は会話の格言を提示しました。

4. グライスによる会話の格言

　(5)から(9)の用例は、グライスによる**会話の格言**（Conversational Maxim）にもとづいています。これは、会話において話し手と聞き手が意思疎通しあうために必要な**協力の原理**（Cooperative Principle）です。

（10）　グライスの会話の格言
　　① **量の格言**（Maxim of Quantity）
　　　話者は必要かつ十分な情報を知らせなければならない。
　　② **質の格言**（Maxim of Quality）
　　　話者は真実を伝えなければならない。
　　③ **関係の格言**（Maxim of Relation）
　　　話者は関係のあることを言わなければならない。
　　④ **態度の格言**（Maxim of Manner）
　　　話者は明確に言わなければならない。

たとえば、(9)の「何もありませんが、どうぞ」は、②の「話者は真実を伝えなければならない」に明らかに反しています。しかし、日本社会では通じます。さらに、これらの格言に故意に反する発言をすることで、聞き手に何らかの意図を伝えることもできます。たとえば、次の例から、前の人に反応したあとの人の意図を考えてみましょう。

（11）　会話の格言の例
　　①田中さん「何を読んでいるの？」　鈴木さん「本だよ」
　　　田中さんは鈴木さんに何を読んでいるか（本の題名か本の内容）を聞きたかったのですが、鈴木さんは「本」と答えました。これは①の量の格言に反します。鈴木さんは読書の邪魔をしてほしくなかったと考えられます。
　　②学生「宮城県の県庁所在地は宮城です」（実際は仙台）

先生「そうですか。三重県の県庁所在地は大津です。どうですか」（実際は津）

学生が宮城県の県庁所在地をまちがえたのに対し、先生も三重県の県庁所在地をわざとまちがえました。これは②の質の格言に反します。先生は学生に、まちがっていることをわからせたかったと考えられます。

③夫「今何時？」　妻「エーと、朝刊はもう来たわよ」

夫が時間を聞いたのに対し、妻は時間以外のことを答えました。これは③の関係の格言に反します。妻は夫に、正確な時間はわからないが、朝刊が毎日来る時間は過ぎていること伝えたかったのでしょう。

④夫「どこかで何か食べよう」

妻「ええ、でも エム・エー・ケー・ケー・ユー（MAKKU）はだめよ」

（日曜日のドライブ中、幼稚園の子供も一緒に車に乗っている）

夫がどこかに立ち寄って何か食べようと言ったのに対し、妻はマックの綴りを言いました。これは④の態度の格言に反します。妻は子供に、マクドナルドで食べさせたくなかったと考えられます。

あとの人の意図をもう一度まとめます。

①読書の邪魔をするなという要求

②まちがいをわからせようという忠告

③だいたいの時間を伝えようとする示唆

④子供にハンバーガーを食べさせないようにしようという示唆

これらの要求や忠告、示唆はみな、会話を使った行為（傍線部参照）と見ることができます。

5.　会話行為

　話し手は、発話によって、依頼したり、命令したり、質問したり、知らせたりといった行為をしています。この行為を**会話行為**（speech act）といいます。たとえば、みなさんが「6時にそこに行きます」と友だちに言ったとします。それは発話（**言う行為** locutionary act）であるだけでなく、「約束」という会話（による）行為（**する行為** illocutionary act）をしていることになります。

5.1 会話行為の種類

会話行為には次のようなものがあります。

(12) 会話行為の種類

 a 叙述的（Representative）
  状況を記述する行為。叙述、否定、告白、容認、告知、結論、予測など。

 b 指図的（Directive）
  聞き手に指図する行為。要求、命令、禁止、警告、忠告、示唆、主張、推薦など。

 c 質問（Question）
  聞き手に情報提供を求める行為。

 d 専心的（Commissive）
  話し手が何かに専心する行為。約束、誓約、申し出、保証、確約など。

 e 表現的（Expressive）
  話し手の心の状態を表現する行為。お詫び、感謝、賛美、お悔やみ、招き、悲嘆、反対など。

 f 宣言（Declarative）
  状態を変える行為。任命、命名、辞任、洗礼、降伏、破門、逮捕など。

実例は、練習問題2を見てください。

5.2 直接会話行為と間接会話行為

会話行為は直接会話行為と間接会話行為に分けられます。次の文の構造と機能を使ってそれぞれを説明します。

(13) 文の構造と機能

例文	構造	機能
ピザを食べた？	疑問文	質問する
ピザを食べなさい	命令文	要求する

きのうピザを食べた　　　平叙文　　　叙述する

(13)の表の構造と機能を横に見てみましょう。疑問文が質問するために使われるとき、命令文が要求するために使われるとき、平叙文が叙述するために使われるとき、これらを**直接会話行為**(direct speech act)といいます。たとえば、相手が自転車に乗れるかどうか聞きたいとき、「自転車に乗ることができますか」と聞いたら、これは直接会話行為です。しかし、自分の行きたいホテルが見つからないとき、通りかかった人に「ホテルはどこだか知っていますか」と聞いたら、これは相手がホテルの場所を知っているかどうかという質問ではなく、ホテルの場所がどこにあるのかを教えてほしいという要求を表しています。これを**間接会話行為**(indirect speech act)といいます。要求は、命令文の持つ直接会話行為機能で、たとえば Open that door for me! と言えば直接の要求になりますが、これを疑問文で Could you open that door for me? と言えば間接会話行為としての要求となり、直接を避けた、より丁寧な言い方になります。

6.　丁寧表現

　「丁寧」という語は、一般的には「注意深く念入りであること」「人に対して親切で礼儀正しいこと」をいいます。しかし、語用論で「**丁寧さ**(politeness)」あるいは**ポライトネス**といえば、「対人関係を円滑にするための社会的言語行動」を指します。ブラウンとレビンソン(1987)による**ポライトネス理論**(Politeness Theory)では、人間は二つの顔(face)あるいは**公的自己イメージ**(public self-image)を持っていると考えます。それは、**否定的顔**(negative face)あるいは**ネガティブフェイス**と、**肯定的顔**(positive face)あるいは**ポジティブフェイス**です。ネガティブフェイスとは、「他人に邪魔されたくない、立ち入られたくない、強制されたくないという気持ち」のことです。ポジティブフェイスとは、「他人に理解されたい、賞賛されたい、好かれたいという気持ち」のことです。この二つの顔に配慮すること、つまり強制を避けたり賞賛したりする行為を**顔を保つ行為**(face-saving act)といいます。逆に、この二つの顔に配慮せず、強制したり批判したりする行為を**顔を脅かす行為**(facethreatening act) といいます。

　二つの顔のうち、ネガティブフェイスを保つ行為は日本的な丁寧さに結びつきます。命令形による直接要求はネガティブフェイス（強制されたくない気持ち）を脅かす行為ですが、命令形を疑問文にするとネガティブフェイスを保つ行為になります。その他、ネガティブフェイスを威かす行為を保つ行為にするには、どのような方法があるでしょうか。ブラウンとレビンソンによる方法を日本語に当てはめてみましょう。

6.1　ネガティブフェイスを保つ方法

　以下の六つにまとめました。なお、以下の例文の言い替え文は、下になればなるほど、より丁寧になります。
　（14）　ネガティブフェイスを保つ方法
　①命令文を疑問文にする。
　　例：窓を開けなさい
　　　　→窓を開けてくれない？（疑問文にする）
　　　　　窓を開けてくれませんか。（丁寧語「ます」を使う）
　　　　　窓を開けてくださいませんか。（尊敬語「くださる」を使う）
　　　　　窓を開けていただけませんか。（謙譲語「いただく」を使う）
　　　　　窓を開けていただくことはできませんでしょうか。
　　　　（相手が要求を受け入れることに対して悲観的になる）
　②要求の受け入れに恩恵をこうむる表現にする。
　　例：窓を開けなさい。
　　　　→窓を開けてくれるとありがたいです。
　　　　　窓を開けてくださるとありがたいです。（尊敬語「くださる」を使う）
　　　　　窓を開けていただけるとありがたいです。（謙譲語「いただく」を使う）
　③要求の押しつけを最小限にする。
　　例：質問に答えてください。
　　　　→よろしければ、質問に答えてください。（「答えない」という選択

肢も含ませる）

　　よろしければ、質問にお答えください。（尊敬語「お」をつけて敬意を払う）

④要求の前に謝る。

　例：書類を提出してください。

　　　→すみませんが、書類を提出してください。

　　　申し訳ありませんが、書類を提出してください。（謝り方をより丁寧にする）

　　　申し訳ありませんが、書類の提出をお願いいたします。（丁重語「いたします」を使う）

　　　まことに申し訳ありませんが、書類の提出をお願いいたします。（「まことに」をつける）

　　　まことに申し訳ございませんが、書類の提出をお願いいたします。（丁寧語「ございます」を使う）

⑤「する」を「なる」にして、要求を非人称化する。

　例 1：金曜までにレポートを提出してください。

　　　→レポート提出は金曜までになっています。

　　　レポート提出は金曜日までになっております。（丁重語「おります」の使用）

　例 2：身分証明書を携帯してください。

　　　→身分証明書を携帯することになっています。

　　　身分証明書を携帯することになっております。（「おります」の使用）

⑥断定回避（hedge）をする。

　例：A さんが悪い。

　　　→A さんが悪いと思います。（「と思います」をつけてやわらげる）

　　　→おそらく、A さんが悪いと思います。（不確定の副詞をつけてさらにやわらげる）

　　　→おそらく、A さんが悪いと思うのですが…（文末を濁してさらにやわらげる）

これらの方法を組み合わせると、さらに丁寧な表現になります。

 (15) ネガティブフェイスを保つ方法の組み合わせ
  ③と①の組み合わせ
   よろしければ、質問にお答えくださいませんか。
  ④と①の組み合わせ
   申し訳ありませんが、窓を開けていただけませんか。
  ②と⑥の組み合わせ
   窓を開けていただけるとありがたいのですが…

6.2　ポジティブフェイスを保つ方法

 6.1のネガティブフェイスを保つ方法は、日本的な丁寧さを表しています。一方、ポジティブフェイス(理解されたい、好かれたいという気持ち)を保つ行為は積極的な丁寧さに結びつき、アメリカ的です。ポジティブフェイスを保つ方法をいくつか挙げます。

 (16) ポジティブフェイスを保つ方法
 ①ファーストネームで呼び合う。

 日本人にとっては、気安すぎて、なかなか丁寧には結びつきませんが、アメリカ社会では、フレンドリーさが積極的丁寧さを表します。私の場合、Sukenari はアメリカ人にとって発音しにくいようなので、Nari と呼んでもらうことにしました。

 ② Thank you を多用する(感謝する)。

 日本人の「ありがとう」よりもアメリカ人の thank you の方が会話に多く現れる傾向にあります。How are you? に対して Fine thank you, and you? という決まりきったフレーズにも出てきます。一方日本では、「調子はどう？」と聞かれて「いいよ、ありがとう」とは言いません。英語では、断るときにも No thank you と言います。アメリカでは、とにかく Thank you very much を連発していればまちがいなさそうです。

 ③相手に興味を示し、ほめる。

 アメリカ人は I really like your tie (ネクタイ、いいですね)などのほめことばが口をついて出てきます。これは日本人にはあまりない習慣です。アメリ

カでは、持ち物、服装、髪型など、何でもいいですから（うそでもいいです！）、とにかくほめまくることにしましょう。

④相手の好みを聞く。

アメリカ人の家に招待されると、食べる前に「飲み物は何にする」とよく聞かれます。相手の好みを尊重し、それに従ってもてなすのがアメリカ流の丁寧さです。こちらから積極的に「何があるんですか」などと聞いて、飲み物を出してくれたら感謝していただきましょう。

⑤冗談を言う。

アメリカ人はほんとうにおしゃべりとジョークが好きな人種です。だいたい1分に1回はジョークを言っているようですが、なかなか聞き取れません。自らジョークを言ってアメリカ人を笑わせることができるようになったらいいですね。

最後に、日本語の非常に丁寧な表現の例として、川端康成の『雪国』に登場する葉子の会話を引用します。ここで葉子は、弟の世話をしている駅長に対して感謝の意を表しています。

(17) 「弟が今度こちらに勤めさせていただいておりますのですってね。お世話様ですわ。」

「こちら」「です」は丁寧語、「勤めさせていただいております」は謙譲語、「お世話様」は尊敬語で、まさに敬語のオンパレードです。この丁寧表現は、英語ではどうなるのでしょうか。サイデンスティッカーは、ここを次のように英訳しています。

(18) "I understand my brother has come to work here. Thank you for all you've done."
　　　直訳：私の弟がここに働きに来ていると理解しています。あなたのしたすべてのことに対して感謝します。

まず、I understand をつけることによって断定を回避しています。これはネガティブフェイスを保つ方法の⑥「断定回避」による丁寧の方法です。さらに、all you've done（あなたがしたすべてのこと）を thank you に付け加えることで、感謝の気持ちがとても強くなっています。これは、ポジティブフェイスを保つ方法の②「感謝」による丁寧の方法です。ネガティブとポジティ

ブの二つの方法を使って、日本語の丁寧表現をみごとに英語に移し変えていますね。

7. 語用論標識

会話で使うことばの中には、話し手の態度や感情を表すことばがあります。これを**語用論標識**(pragmatic marker)あるいは**談話標識**(discourse marker)といいます。その中には、書きことばで使うときとは用法が変化したものもあります。ここでは、「しかし」と「でも」を取り上げ、その**談話分析**(discourse analysis)を紹介します。

7.1 「しかし」

「しかし」は書きことばでは逆接の接続詞で、前の文と後の文が反対の関係にあることを示します。

(19) 私たちは高円寺の安いバーで飲んでいた。しかし、それでも酒屋で買う酒よりも料金は高い。　　　　　　(阿刀田高 『影絵の町』)

この「しかし」は、「「安い」しかし「高い」」というように、反対の内容をつないでいます。

一方、会話では次のような用法があります(括弧内の数字は秒単位の間の時間を表します。「:」は母音を伸ばす記号、下線は強調されているところです)。

(20) (H代議士の50年間にわたる政治家としての活躍のビデオを見たあとで)

A: Hさんっていい方ですね：<u>ほんとに</u>(0.2)すなおにお気持ちを出す方ですがね：

B: でもあの(0.2)お話しをなさっていることに(0.2)あの(0.2)字幕がついているところが(笑い)ひどいですね

A: (笑い)そうですか(2.0で笑いがやんで、息継ぎ0.5)**しかし**50年といいますとたいへんなことですよ：

(「ブロードキャスター」より。A：福留功男アナウンサー、B：石坂啓さん)

この「しかし」は、笑いと息継ぎのあと、発話の最初に来ています。ですから、前の文を受けて逆の関係を示しているわけではありません。「たいへんなことですよ：」の最後の「よ：」は話し手の感動を表すことばですので、この「しかし」も話し手の感動を表していると考えられます。話し手は、直前に見たビデオのシーンを頭に思い描き、H代議士が50年間も政治家を続けたことに感動しています。この「しかし」は、「それにしても」に置き換えることができます。

7.2 「でも」

次に「でも」の例を挙げます。「でも」は「しかし」と同じく逆接を表しますが、「しかし」よりも口語的です。次の例は小説からですが、「でも」は会話文の中に出てきます。

(21) 「なんだかゴチャまぜ料理みたいね」「**でも**、とにかくおいしいのよ」　　　　　　　　　　　　　　　　（阿刀田高　『影絵の町』）

この「でも」は「「ゴチャまぜで印象が悪い」でも「おいしい」」というように、反対の内容をつないでいます。

一方、会話では次のような用法があります（「=」は前後の会話が間髪を入れず続くことを示します）。

(22) （AとBの話題は、Bの弾くバイオリンについて。Bの小学校時代のテレビコマーシャルが会場のテレビに映る。その中でBがバイオリンを弾いている。その映像が終わって）

A: は::(会場拍手)**でも**ね(0.1)あんなかでいちばん注目したいのはやっぱバイオリンだね(0.3)

B: ん::=

A: =似合うもの(0.2)あれで尺八なんかぷ::て(0.1)絶対似合わないもの

B: （笑い）

(「おしゃれカンケイ」より。A：古舘伊知郎(ホスト)、B：宮沢りえ(ゲスト))
この「でも」も(20)の「しかし」と同じく、会場の拍手が鳴り終わったあとの発話の最初に来ていますので、逆接の「でも」ではありません。「あん

なかで」とありますので、話し手は直前に見たビデオのシーンを頭に思い描き、Bがバイオリンを弾いている様子が似合っていることに感動して「でも」を使っています。

　(20)の「しかし」と(22)の「でも」の共通点は、話し手が直前のビデオのシーンを思い描いて感動的に使っている点です。

　談話標識には、これ以外に「だから」「ちょっと」「だって」「さて」「ね」「よ」などがあります。

8. おわりに

　私は、日本語で何か意見を言ったりするとき、文末に「と思います」をつけることが多いので、英語でも、どうしても I think をつけて話すことが多くなります。アメリカ人にとっては、これが耳ざわりなようで、I think は必要ないと言われたことがあります。文末に「と思います」をつけるのは、日本ではネガティブフェイスを保つのに役に立ちますが(⑥の「断定回避」の方法です)、英語では通用しません。また、日本では自分の妻のことを「愚妻」などと謙遜して言いますが、英語で自己紹介するときには、まさか I have a foolish wife とは言えませんので、私は思い切って、I have a beautiful wife などと言ったことがあります。これは、英語ではポジティブフェイスを保つ表現なので(③の「他人をほめる」方法です)歓迎されました。でも、日本語では「私は美しい妻がいます」とはなかなか言いにくいですね。ところ変われば語用も変わる。語用論の実践はむずかしいものです。

第6章のキーワード
　語用論　グライス　会話の格言　協力の原理　量の格言　質の格言　関係の格言　態度の格言　会話行為　言う行為　する行為　叙述的　指図的　質問　専心的　表現的　宣言　直接会話行為　間接会話行為　丁寧さ(ポライトネス)　ポライトネス理論　顔　公的自己イメージ　否定的顔(ネガティブフェイス)　肯定的顔(ポジティブフェイス)　顔を保つ行為　顔を脅かす行為　断定回避　語用論標識　談話標識　談話分析

参考文献

Brown, Penelope and Stephan C. Levinson. 1987 [1978] . *Politeness: some universals in language usage.* Cambridge: Cambridge University Press.
「ポライトネス理論」を 61–65 ページより引用。「ネガティブフェイスを保つ方法」については 129–210 ページを、「ポジティブフェイスを保つ方法」については 101–125 ページを参照した。

Grice, Paul. 1989 [1975] . *Studies in the Way of Words.* Cambridge, Massachusetts: Harvard University Press.
「協力の原理」、「会話の格言」を 26-28 ページより引用。

O'Grady et al. 2005. *Contemporary Linguistics.* Fifth Edition. Boston/ New York: Bedford/ St. Martin's.
例文（1）〜（4）を 229 ページより引用。

Parmer, Frank and Kathryn Riley. 2005. *Linguistics for Non-Linguist.* Fourth Edition. Boston: Allyn and Bacon.
（5）〜（9）、（11）、（12）と、練習問題の 2 を Chapter 2 Pragmatics（9-30 ページ）より引用。

Yule, George. 2006. *The study of language.* Third Edition. Cambridge: Cambridge University Press.
5.2 の（13）と「直接会話行為」、「間接会話行為」を 118 ページより引用。

小沢裕子「ポライトネス理論から見た「タメ口」の考察：日英の積極的ポライトネス比較」2002 年　http://www5a.biglobe.ne.jp/~hippo/tameguchi.htm
「ネガティブフェイス」、「ポジティブフェイス」の定義、「6.2　ポジティブフェイスを保つ方法」の①〜⑤を引用。

日野資成　「「しかし」と「でも」の談話分析」『福岡女学院大学紀要人文学部編』13 号　2003 年　　（19）〜（22）を引用。

日野資成　「日英比較言語学の実践 IV　ー『雪国』と Snow Country を比較してー」『福岡女学院大学紀要人文学部編』17 号　2007 年　　（17）、（18）を引用。

推薦図書

若者ことばについて研究したい人に
　　⇒『若者語を科学する』　米川明彦　1998 年　明治書院
若者ことばの使い方を知りたい人に
　　⇒『若者ことば辞典』　米川明彦　1997 年　東京堂
談話分析を研究したい人に
　　⇒『ディスコース』　橋内武　1999 年　くろしお出版
　　⇒『談話言語学』　泉子・K・メイナード　2004 年　くろしお出版

練習問題

1 次の①から④は母と子の会話ですが、母の会話は、グライスによる会話の格言に反しています。それぞれどの格言に反していますか。
　①〔子供は勉強している〕　子供「晩ごはんまだ？」　母「勉強は終わったの？」
　②子供「今日の晩ごはん何？」　母「秘密よ」
　③〔子供が朝10時に起きてくる〕　子供「あー、眠い」　母「今日は早起きね」
　④母「あれ持ってきてちょうだい」　子供「あれって何？」　母「だから、あれよ」

2 次の①から⑩の発話は、5.1「(12)「会話行為の種類」」のどの会話行為でしょうか。それぞれ当てはめてみましょう。
　①（クラスメートに対して）「誕生日おめでとう！」
　②（医者が患者に対して）「タバコはやめなさい」
　③（会社で秘書がほかの人に対して）「娘は8月に結婚することになりました」
　④（牧師が赤ちゃんに対して）「バプテスマを授けます」
　⑤（母が娘に対して）「お皿を洗ったのはだれ？」
　⑥（タイヤがパンクして困っている人に対して、通りがかりの人が）「力を貸しましょう」
　⑦（クラスメートに対して）「もうA子には会わないと誓うよ」
　⑧（親が子に対して）「部屋を出てはいけません」
　⑨（友だちに対して）「何時ですか」
　⑩（買い手が売り手に対して）「契約に同意します」

3 次の若者ことばは、会話の格言の「④態度の格言　話者は明確に言わなければならない」に反することによって効果を発揮しています。それぞれどういう意味でしょうか。

① PTA　②FMG　③VSOP　　④レコーディング行ってきます

4　次のAさんとBさんの会話で、Bさんの会話の意図を考えてください。
　　　A：ちょっと時間を貸してくれませんか。
　　　B：ええ、ちゃんと返してくれるなら。

5　「タバコを吸わないでください」をできるだけ丁寧な言い方に改めてください。

第 7 章　国文法

1. はじめに　文法とは何か

　みなさんは、もしほかの人が次のような文をしゃべったらどう思うでしょうか。
　（１）＊私はきのう、お酒に飲みました。
だれでも、おかしな文だと思うでしょう。これは、日本語として明らかにまちがった文です（「＊」（アステリスク）は文が非文法的であることを示します）。直すとすれば、「に」を「を」に変えて、
　（２）　私はきのう、お酒を飲みました。
にするか、または「飲みました」を受身にして、
　（３）　私はきのう、お酒に飲まれました。
にしなければなりません。ここで、「お酒に飲む」ではなく「お酒を飲む」という文が作れるのは、「飲む」の目的語には「に」でなく「を」をつけるというきまりに則っているからです（「会社に入る」「職業に就く」の場合は、「会社を入る」「職業をつく」とはいいません）。また、「飲む」の受身形が「飲まれる」になること、「お酒に飲まれる」の「に」は、「犬にかまれる」の「に」と同じで、「公園に行く」の「に」とは違うということも知っています。このように、意識するしないにかかわらず、私たちは、頭の中に持っていることばのきまりである**文法**（grammar）にしたがって、日常のことばを使っています。このことばのきまりを体系的に記述する学問を**文法論**といいます。この章では、まず日本人のために作られた国文法を紹介しましょう。

2. 文法の単位

日本語を文法によって記述する場合、まず何を単位として記述するかが問題になります。ここでは、文・文節・単語を単位として記述することにしましょう。

2.1 文

文(sentence)とは、何らかの事柄についての、完結した意味を持つ一まとまりです。文は、いくつかの異なる見方によって異なる分類ができます。ここでは、構文による分類、客体の描写表現による分類、主体の表現意図による分類を紹介します。

2.1.1 構文による分類

主語、(目的語)、述語からなる構文の単位を**節**(clause)といいます。節一つ、つまり主語と述語、あるいは主語・目的語・述語からなる文を**単文**(monoclausal sentence)といいます。

（4） これは　本です。　　太郎は　本を　　読んだ。
　　　 主語　 述語　　　　主語　 目的語　述語

節二つからなる文を**複文**(biclausal sentence)といいます。複文は節と節の間の関係によって次の三つに分けられます。

（5） 複文の分類
　①並列文(重文)　二つの節が対等の関係にある。
　　　　　　　　　(例)太郎は学生で、花子は先生です。
　　　　　　　　　　　　節A ←―――→ 節B　(節Aと節Bが対等)
　②擬似並列文　　一つの節S2(従属節)がもう一つの節S1(主節)を修飾する。
　　　　　　　　　(例)春になると、花が咲きます。
　　　　　　　　　　　　節2(S2)―――→節1(S1)　(S2がS1を修飾)
　③埋め込み文　　一つの節S2(従属節)が大きな節S1(主節)の一部に埋め込まれる。

(例)　太郎は［地球が　丸い］ことを知っている。
　　　　主語　　主語──述語　　　　述語
　　　　　　　　従属節（S2）
　　　　　　　　主節（S1）

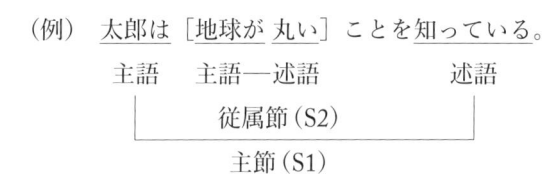

①の**並列文**（parataxis）は、二つの節が対等の関係で並列する文です。②の**擬似並列文**（hypotaxis）は、一つの節がもう一つの節を修飾する文です。**修飾**（modification）とは、もともとは美しく飾ることをいい、文法では、ある状況を詳しく説明することをいいます。たとえば、「きれいな花」では、「きれいな」は花のようすを説明する**修飾語**（modifier）です。構文としては、AがBを修飾するとは、AがBにかかっていく（つながっていく）ことです。例文では、「春になると」が**従属節**（subordinate clause）S2で、**主節**（main clause）S1の「花が咲きます」にかかっています。主節S1には文全体の主語「花が」と述語「咲きます」が含まれます。③の**埋め込み文**（embedded sentence）は、従属節（embedded clause）が主節（matrix clause）の一部に埋め込まれた文です。例文では、従属節S2「地球が丸い」は、大きな節S1（主語・目的語・述語）の中の目的語「地球が丸いこと」の一部になっています。

2.1.2　客体の描写表現による分類

　文は、客体のようすを表します。ようすを表すのに、主として次の三つの型があります。
　（6）　客体の描写表現による文の分類
　　　　文の型　　　　　　例
　　①何がどうする　　花が咲く。
　　②何がどんなだ　　花がきれいだ。
　　③何が何だ　　　　この花は桜だ。
①の構文では述語に動作を表す動詞が、②の構文では述語に状態を表す形容詞・形容動詞が現れます。③の構文では、述語に名詞＋断定の助動詞（だ、である、です）が現れます。

2.1.3 主体の表現意図による分類

文を言ったり書いたりする主体に焦点をあてると、その表現意図によって次のような種類の文に分類できます。

（7）主体の表現意図による分類

文の種類　　例
①感動文　　うわあ、すごい！
②平叙文　　富士山がきれいだ。
③疑問文　　きのう、勉強しましたか。
④命令文　　もっと速く走りなさい。

感動文は主体の驚きを表します。平叙文は主体の断定を表します。疑問文は主体の疑問を表します。命令文は主体が他人に命令したいとき使い、最後に命令形が来ます。

2.2　文節

橋本進吉は、文をさらに細かく分けて、文節という単位を提示しました。橋本は、文節を「実際の言語として出来るだけ多く区切った最も短い一区切れ」と定義しています（『国語法要説』6 ページ）。「実際の言語として」とありますので、**文節**（phrase）とは、実際に発音したときに続けて言うことができて、しかも実質的な意味を持つ最小単位といえるでしょう。文節は西欧文法の**句**（phrase）と同等の単位です。

では、次の文を文節に分けてみましょう。

（8）　むかしむかし／あるところに／おじいさんと／おばあさんが／住んでいました

区切りに「ネー」や「サー」を入れて読むと区切りやすくなるので試してみてください。はじめの「むかしむかし」は「むかし／むかし」とさらに二つに分けることもできますが、つなげて読むのが一般的ですから一文節とします。「あるところに」も「ある」と「ところに」に分けられそうですが、「ある」は物が実際に「有る」という実質的な意味が失われていますので、「あるところに」で一文節とします。最後の「住んでいました」の「いました」も「存在していた」という実質的な意味が失われていますので、「住んでい

ました」で一文節とします。

2.3 単語

文節はさらに、文法の最小単位である**単語**（word）に分けることができます。文節に分けた(8)の文を、さらに単語に分けてみましょう。

(9) むかし／むかし／ある／ところ／に／おじいさん／と／おばあさん／が／住ん／で／い／まし／た

(9)の文で分けられたそれぞれの単語は、その文法的機能によって品詞に分類することができます。たとえば、「むかし」「おじいさん」「おばあさん」は名詞、「住ん」「い」は動詞、「まし」「た」は助動詞です。次に、品詞についてくわしく述べます。

3. 品詞

品詞とは、単語を文法的機能によって分けた名称です。文法的機能には、他の語を修飾する機能、述語や主語になる機能、自立する機能、活用する機能などがあります。国文法では、自立するかしないか、活用するかしないかによって、次のように大きく四つに分類されます。

表1 単語の文法機能による分類

品詞	文法機能
用言（動詞・形容詞・形容動詞）	自立して、活用する
体言（名詞・代名詞・数詞）・接続詞 連体詞・副詞・感動詞	自立して、活用しない
助動詞	自立せず、活用する
助詞・接辞	自立せず、活用しない

用言とは活用のある自立語で、単独で述語となることができます。用言には、動詞・形容詞・形容動詞があります。**体言**とは活用のない自立語で、単独で主語となることができます。体言には、名詞・代名詞・数詞があります。

自立語とは単独で文節を作ることができる語をいいます（文節の切れ目を

「／」で示します)。

(10) 用言

太郎は／速く／走る(動詞)

太郎は／とても／若い(形容詞)

その部屋は／かなり／静かだ(形容動詞)

(11) 体言

ごはん／、食べたい(名詞)

私／、いやだ(代名詞)

七／、それは／ラッキーナンバーだ(数詞)

(12) 接続詞

だから／、言ったじゃないの。

一方、単独で文節を作ることができず、動詞や名詞に付属する語を**付属語**といいます。付属語には、活用のある助動詞と活用のない助詞・接辞があります。

(13) 助動詞

使わせる(使役の助動詞「せる」)

盗まれる(受身の助動詞「れる」)

太郎だ(断定の助動詞「だ」)

(14) 助詞・接辞

私が太郎です(助詞)　お酒(接辞)

品詞の中で、動詞・形容詞・形容動詞・助動詞は活用します。**活用**とは、文の中で形が変化することをいいます。変化した形を**活用形**といいます。活用形には、**未然形・連用形・終止形・連体形・仮定形・命令形**があります。

表2　用言・助動詞の活用

品詞	例	語幹	未然形	連用形	終止形	連体形	仮定形	命令形
動詞	走る	走	ら	り	る	る	れ	れ
形容詞	白い	白	かろ	かっ く	い	い	けれ	○
形容動詞	静かだ	静か	だろ	だっ で に	だ	な	なら	○
助動詞	たい	た	かろ	かっ く	い	い	けれ	○

語幹は活用しない共通の部分です。一方、「ら」「り」「る」「る」「れ」「れ」など、未然形から命令形までの活用する部分を**活用語尾**といいます。形容詞・形容動詞・助動詞には命令形がないので、○で示します。

　続いて、それぞれの品詞を解説します。はじめに用言(動詞・形容詞・形容動詞)から述べます。

3.1　動詞

　動詞は、動作や状態を表します。ここでは、活用の種類と、自動詞・他動詞によって分類します。

3.1.1　活用の種類による分類

　動詞には、次の五つの**活用の種類**があります。

表3　動詞の活用の種類

活用の種類	例	語幹	未然形	連用形	終止形	連体形	仮定形	命令形
五段活用	歩く	歩	か こ	き	く	く	け	け
上一段活用	見る	(見)	み	み	みる	みる	みれ	みよ みろ
下一段活用	得る	(得)	え	え	える	える	えれ	えよ えろ
カ行変格活用	来る	(来)	こ	き	くる	くる	くれ	こい
サ行変格活用	する	(す)	し	し	する	する	すれ	しろ せよ
活用形の直後に続く語			〜ない 〜(よ)う	〜ます	〜。	〜とき	〜ば	〜！

　上一段・下一段・カ変・サ変の語幹の括弧は、語幹と語尾の区別がないことを示します。**五段活用**は、たとえば「書く」の場合、「か・き・く・け・こ」の五段に活用するという意味です。「書く」は、カ行で五段に活用しますからカ行五段活用といいます。**上一段活用**は、たとえば「見る」の場合、活用語尾が「み」で始まり、「み」はマ行の「ま・み・む・め・も」の真ん中の「む」から上に一段上がったところにあるからつけられた名称です。**下一段活用**は、たとえば「得る」の場合、活用語尾が「え」で始まり、「え」はア行の「あ・い・う・え・お」の真ん中の「う」から下に一段下がったところにあるからです。**カ行変格活用**と**サ行変格活用**は、五段活用とも一段活用とも異なる特殊な活用です。

3.1.2　自動詞・他動詞の分類

　動詞は、目的語を取らない**自動詞**と目的語を取る**他動詞**に分けることができます。目的語には、助詞「を」か「に」が付きます。

（15）　自動詞と他動詞

　　　自動詞　走る　歩く　立つ　すわる　行く　来る

　　　他動詞　（手紙を）書く　（要点を）話す　（ご飯を）食べる　（馬に）乗

る

自動詞と他動詞でペアになっている語もあります。
 (16) 自動詞と他動詞のペア
　　　自動詞　当たる　あく　　倒れる　冷える　起きる　ふさがる
　　　他動詞　当てる　あける　倒す　　冷やす　起こす　ふさぐ

3.2　形容詞

　形容詞は活用のある自立語で、ものごとの状態を表します。現代語では、次のように最後に「い」が付きます。活用は表2で示しました。
 (17) 現代語の形容詞の例
　　　赤い　白い　楽しい　悲しい　明るい　暗い　浅い　深い　おもしろい

3.3　形容動詞

　形容動詞も活用のある自立語で、ものごとの状態を表します。現代語では、次のように最後に断定の助動詞「だ」が付きます。活用は表2で示しました。
 (18) 現代語の形容動詞の例
　　　静かだ　にぎやかだ　きれいだ　元気だ　丁寧だ　親切だ　おおらかだ

時枝誠記はこれらを「体言＋だ（指定の助動詞）」と考え、形容動詞という品詞を立てていません（『日本文法口語篇』108–113 ページ）。このように、文法家によって語の扱いが異なることがあります。続いて、体言に移りましょう。

3.4　体言（名詞・代名詞・数詞）

　体言のうち、**名詞**はものごとの名前を表すことばで、活用のない自立語です。次に名詞の例を挙げましょう。
 (19) 名詞の例
　　　①「もの」を表す名詞　　花　本　テレビ　いす　机　テーブル　新聞

②空間・時間を表す名詞　　上　下　中　外　内　前　後　二時　三分
　　③ことがらを表す名詞　　　話　掲示　政治　経済　社会　知識
　　④動詞の連用形　　　　　　走り　歩き　語り
　　⑤形容詞からの派生　　　　速さ　新しさ　古さ
　　⑥形容動詞からの派生　　　静かさ　にぎやかさ

代名詞には人称代名詞と指示代名詞があります。
　（20）　人称代名詞の例
　　　　人称　　　例
　　　　一人称　　わたし　わたくし　僕　俺　わし
　　　　二人称　　あなた　おまえ　君
　　　　三人称　　彼　彼女

一方、「これ、それ、あれ、どれ」などの「こそあど」ことばを指示代名詞といいます。

数詞は「一」、「二」、「三」、「十」、「百」「千」など、数を表す語です。

3.5　接続詞

　接続詞も活用のない自立語です。文と文をつなぐ役割を果たし、次のように順接と逆接に分けられます。
　（21）　接続詞
　　　　順接の接続詞　　そして、それで、だから、さらに
　　　　逆接の接続詞　　しかし、でも、けれど、けれども、が

順接は、前後の文が順番どおり、あるいは順当な関係でつながること、**逆接**は、前後の文が対立する（逆の）関係でつながることを表します。
　（22）　太郎はうちに帰った。そして、勉強した。　順接　（順番どおり）
　（23）　太郎は一生懸命勉強した。だから志望校に合格した。　順接
　　　　　　　　　　　　　　　　　　　　　　　　　　　　　（順当な関係）
　（24）　太郎は勉強した。しかし、志望校に受からなかった。　逆接
　　　　　　　　　　　　　　　　　　　　　　　　　　　　　（対立関係）
　（25）　太郎はごはんをたくさん食べた。けれども太らなかった。　逆接
　　　　　　　　　　　　　　　　　　　　　　　　　　　　　（対立関係）

(22) では、「うちに帰る」と「勉強する」は時間的に順番どおり起きています。(23) では、「一生懸命勉強し」た順当な結果として「志望校に合格」したという関係になっています。

3.6 連体詞

連体詞とは、体言(名詞)に連なる、つまり名詞を修飾する語で、活用のない自立語です。「大きな」、「小さな」、「この」「あの」「その」「どの」などがあります。橋本文法では、もと「副体詞」といっていましたが、「連体詞」が一般的です。

 (26) 大きな家、小さな本、あの机

「大きな」、「小さな」は形容動詞連体形「静かな」「にぎやかな」などと形は同じですが、形容動詞は「静かだ」、「にぎやかだ」といえるのに対し、「大きな」、「小さな」は活用がなく、「*大きだ」「*小さだ」といえません。

3.7 副詞

副詞も活用のない自立語です。副詞には、「ぐっすり」「とても」「かなり」などがあります。副詞は用言(動詞・形容詞・形容動詞)を修飾します。

 (27) ぐっすり眠る。
 (28) とても速い。
 (29) かなり静かだ。

3.8 感動詞

感動詞も活用のない自立語で、感動を表します。「ああ」、「まあ」などがあります。

 (30) ああ、驚いた。

3.9 助動詞

助動詞は活用のある付属語です。主な助動詞を挙げ、その意味を括弧に入れて示します。

(31)　助動詞とその意味
　　　　だ・です(断定)　ない・ぬ(打消)　まい(打消推量)　う・よう・らしい(推量)　た(過去)　ます(丁寧)　ようだ(比況)　そうだ(様態)　そうだ(伝聞)　たい(希望)　れる・られる(可能、自発、尊敬、受身)　せる・させる(使役、尊敬)

助動詞は、「**動詞を助ける**」品詞で、次のように動詞に付きます。

　　(32)　書か<u>ない</u>、書き<u>ます</u>、書い<u>た</u>、書く<u>まい</u>、書こ<u>う</u>、

(32)で、下線部の助動詞は、太字の動詞に直接付いています。他の助動詞に付く助動詞もあります。

　　(33)　つまらない映画を見**させ**<u>られ</u><u>た</u>。
　　(34)　日記は、ここにおいておくと人に見**られ**<u>そうだ</u>。

(33)では下線部の過去の「た」は二重線部の受身の「られ」に付き、さらに「られ」は太字の「させ」(使役)に付いています。(34)では、下線部の「そうだ」が太字の「られ」に付いています。断定の助動詞は、名詞に付きます。

　　(35)　太郎は**学生**だ。太郎は**学生**です。

(31)の中に打消の「ない」がありますが、形容詞にも「ない」があります。次の「ない」はそれぞれどちらでしょうか。

　　(36)　よくわから<u>ない</u>。
　　(37)　机が<u>ない</u>。

二つの「ない」の見分け方は次のとおりです。

　　(38)　二つの「ない」の見分け方
　①「ない」を「ぬ」に置き換えられれば助動詞、置き換えられなければ形容詞
　　　　(36)の「よくわから**ない**」→「よくわから**ぬ**」助動詞
　　　　(37)の「机が**ない**」→「*机が**ぬ**」形容詞
　②「ない」のまえに格助詞「は」「が」が入れば形容詞、入らなければ助動詞
　　　　(36)の「よくわからない」→「*よくわから**は**ない」助動詞
　　　　(37)の「机が**(は)**ない」→形容詞

　次に、(31)の二つの「そうだ」を区別してみましょう。

(39)　雨が**降り**そうだ。　　様態
(40)　雨が**降る**そうだ。　　伝聞

動詞「降る」の連用形「降り」に付く場合は様態(39)、終止形「降る」に付く場合は伝聞です(40)。形容詞につく場合はどうでしょう。

(41)　この本は**おもしろ**そうだ。　　様態
(42)　この本は**おもしろい**そうだ。伝聞

形容詞「おもしろい」の語幹「おもしろ」に付く場合は様態(41)、終止形「おもしろい」に付く場合は伝聞です(42)。ただし、形容詞「ない」に様態の「そうだ」がつく場合は、語幹のあとに「さ」が入ります。

(43)　おもしろくな さ そうだ。

形容動詞に付く場合も同様です。

(44)　大通りは**にぎやか**そうだ。　　様態
(45)　大通りは**にぎやかだ**そうだ。伝聞

形容動詞「にぎやかだ」の語幹「にぎやか」に付く場合は様態(44)、終止形「にぎやかだ」に付く場合は伝聞です(45)。

3.10　助詞

助詞は活用のない付属語です。現代語の助詞には次の四種類があります。

表4　現代語の助詞の種類

種類	例
格助詞	が、の、を、に、へ、と、より、にて、して
接続助詞	から、ので、が、のに、けれど、けれども、しかし、ば
副助詞	は、も、くらい、さえ、しか、だけ、ばかり、ほど、まで
終助詞	か、な、ね、や、よ、わ、ぜ

格助詞は、下の語への関係を示します。**接続助詞**は、下の語への接続を示します。**副助詞**は、ある意味を付け加えます。**終助詞**は疑問・感動・禁止・詠嘆などを表します。

3.11 接辞

接辞も活用のない付属語で、名詞に付きます。接辞には、名詞の前に付く**接頭辞**と名詞のあとに付く**接尾辞**があります。

(46) 接頭辞と接尾辞

接頭辞 　　お弁当　ご挨拶　どん底　かっとばす
接尾辞 　　太郎さん　子供たち　寒さ　汗ばむ

4. 文の図式化

最後に、森岡健二の「複文の構造」(『文法の記述』216–258 ページ) にしたがって、文を図式化してみましょう。今回は、少し簡略化して連用成分・連体成分・並立成分・節の四つの記号を使います。

4.1 連用成分

成分とは、文を構成する要素で、橋本文法の文節の単位です。**連用成分**とは、用言 (動詞・形容詞・形容動詞) や「名詞＋だ」、つまり述語に連なっていく成分です。連用成分と用言は「──」でつなげます。

(47) 　速く──走る

　　　花が──赤い

　　　月が──きれいだ

(47) で、動詞「走る」に連なる「速く」、形容詞「赤い」に連なる「花が」、形容動詞「きれいだ」に連なる「月が」が連用成分です。

「太郎は速く走る」の場合、「太郎は」と「速く」の二つが連用成分で、「走る」に連なります。この場合、次のように描きます。

(48) 　太郎は─┐
　　　　速く─┴走る

「太郎は公園を速く走る」の場合は、連用成分は「太郎は」「公園を」「速く」の三つで、いずれも「走る」に連なります。

(49)　太郎は ─┐
　　　 公園を ─┤
　　　　 速く ─┴─ 走る

4.2　連体成分

連体成分とは、<u>体言</u>（名詞）に<u>連</u>なる成分です。連体成分と体言は「→」でつなげます。

(50)　赤い→風船
　　　遠い→町
　　　きれいな→人

連体成分は連用成分とともに使うことができます。たとえば、(49)の「公園」に「広い」という連体成分を付け加えると次のようになります。

(51)　　　　太郎は ─┐
　　　広い→公園を ─┤
　　　　　　 速く ─┴─ 走る

4.3　並立成分

並立成分とは、「白くきれいな花」の「白く」のように、他の成分（ここでは「きれいな」）と対等に並立する成分です。対等に並立する二つの成分は「＋」を使って並べます。

(52)　白く
　　　　＋
　　　きれいな→花

「白くつややかできれいな花」のように並立成分が二つある場合もあります。

(53)　白く
　　　　＋
　　　つややかで
　　　　＋
　　　きれいな→花

4.4 節

　節は、主語と述語の両方を含む構文の単位でしたが、主節と従属節がある場合、主節を S1、従属節を S2 で表します。主節は文全体の主語と述語を含む節、従属節は文の一部の主語と述語を含む節です。たとえば、「色の白い花が咲いた」は、次のように表します。

　　(54)　色の——白い S2 →花が——咲いた S1

(54)で、「色の」は述語「白い」の主語で、「色の白い」で節を構成します。この節は「花」にかかる従属節ですから S2 で表します。一方、「花が咲いた」は文全体の主語「花が」と述語「咲いた」からなる主節ですから S1 で表します。(54)は、従属節 S2 が主節の一部である主語に含まれた埋め込み文で、S2 は「花」を修飾しますので連体修飾の矢印「→」を用います。一方、次の(55)は、従属節が主節にかかる擬似並列文です。

　　(55)　きのうは ─┐
　　　　　遅くまで ──┴─ 起きていたので S2
　　　　　　　　　　　　　　↓
　　　　　　　とても ── 眠い S1

(55)では S2 が S1 全体を修飾する構造ですので、たての矢印を用いて、その帰着点を S1 の上に持ってきます。

　以上の四つの記号をもう一度まとめます。

表5　文の図式化の記号

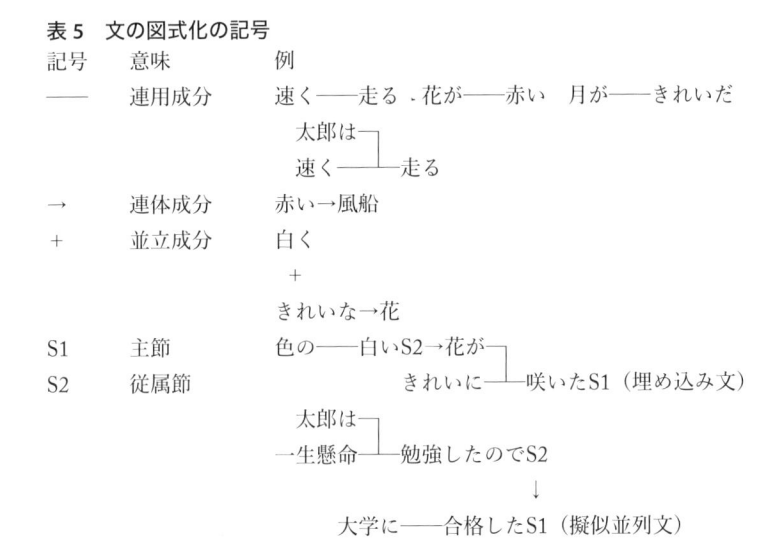

記号	意味	例
──	連用成分	速く──走る．花が──赤い　月が──きれいだ
		太郎は─┐
		速く──┴走る
→	連体成分	赤い→風船
＋	並立成分	白く
		＋
		きれいな→花
S1	主節	色の──白いS2→花が─┐
S2	従属節	きれいに──咲いたS1（埋め込み文）
		太郎は─┐
		一生懸命──勉強したのでS2
		↓
		大学に──合格したS1（擬似並列文）

5. おわりに

　この章では、日本人のために作られた国文法を紹介しました。国文法は、基本的には江戸時代の国学の伝統を受け継いでいますので、本来であれば国学から紹介すべきですが、使われている術語がやや難解なため、今回は省きました。興味のある人は、推薦図書を見てください。国文法には、一段活用・変格活用で語幹と語尾の区別がつかないなどの矛盾点もあります。しかし、動詞の活用、係り結びなどを体系的に整理した本居宣長などの国学者の功績にも目を向けたいものです。

　また、明治以後の国語学者による文法理論も、今回は橋本進吉のみを取り上げましたが、その他に、山田孝雄、時枝誠記、松下大三郎、渡辺実など、特筆すべき文法家がいます。それぞれの文法理論は推薦図書を見てください。

第 7 章のキーワード

文法　文法論　文　節　単文　複文　並列文　擬似並列文　埋め込み文　修飾　修飾語　従属節　主節　感動文　平叙文　疑問文　命令文　文節　句　単語　品詞　用言　体言　自立語　付属語　活用　活用形　未然形　連用形　終止形　連体形　仮定形　命令形　語幹　活用語尾　動詞　活用の種類　五段活用　上一段活用　下一段活用　カ行変格活用　サ行変格活用　自動詞　他動詞　形容詞　形容動詞　名詞　代名詞　数詞　接続詞　順接　逆接　連体詞　副詞　感動詞　助動詞　助詞　格助詞　接続助詞　副助詞　終助詞　接辞　接頭辞　接尾辞　成分　連用成分　連体成分　並立成分

参考文献

『日本文法　口語篇』　時枝誠記　1950 年　岩波書店
　　「3.3　形容動詞」で、「第二章　語論」の「リ　いはゆる形容動詞の取扱ひ方」(108–113 ページ) の議論を引用。

『国語法研究』　橋本進吉　1948 年　岩波書店
　　「文節」の定義は「一　文と語と文節」の「二　文節」5–6 ページによる。品詞分類は「三　品詞の分類」の 43–81 ページ (殊に 56、66–67 ページ) による。

『文法の記述』　森岡健二　1988 年　明治書院
　　「4　文の図式化」は「II　構文の分析」「第 1 章　複文の構造」の 216 〜 258 ページによる。

『文法化』　P.J. ホッパー・E.C. トラウゴット　日野資成訳　2003 年　九州大学出版会
　　「2.1　文」の「2.1.1　構文による分類」は、「第七章　節と節の間に起る文法化」(202 ページ) による。

推薦図書

江戸時代の国学者による文法理論に興味のある人に
　　⇒『かざし抄』　富士谷成章　1767 年
　　⇒『あゆひ抄』　富士谷成章　1778 年
　　⇒『言語四種論』　鈴木朖　1824 年
　　⇒『てにをは紐鏡』　本居宣長　1771 年
　　⇒『詞の玉の緒』　本居宣長　1779 年

明治時代の文法学者による文法理論に興味のある人に
　　⇒『日本文法論』　山田孝雄　1908 年　寳文館
　　⇒『国語学原論』　時枝誠記　1941 年　岩波書店
　　⇒『改撰標準日本文法』　松下大三郎　1974 年　勉誠社

最近の文法学者による文法理論に興味のある人に
　　⇒『国語構文論』　渡辺実　1971 年　塙書房

⇒ 『現代語法序説』　三上章　1972 年　くろしお出版
⇒ 『日本文法研究』　久野暲　1973 年　大修館書店
⇒ 『生成日本文法論』　奥津敬一郎　1974 年　大修館書店
⇒ 『日本語のシンタクスと意味 I・II・III』　寺村秀夫　1982–91 年　くろしお出版
⇒ 『要説日本文法体系論』　森岡健二　2001 年　明治書院

練習問題

1 次のそれぞれの文は、構文上何という文ですか。
　①テニスをしている人は田中さんだ。
　②空は青い。
　③雨が降っているので、旅行を延期した。
　④スイカは緑色で、パイナップルは黄色だ。

2 次の文は、それぞれ、「ア　何がどうする」、「イ　何がどんなだ」、「ウ　何が何だ」のうちのどれですか。記号で答えなさい。
　①この鳥は美しい。
　②太郎は学生だ。
　③次郎が走る。

3 次の文は、それぞれ、「ア　感動文」、「イ　平叙文」、「ウ　疑問文」、「エ　命令文」のどれですか。記号で答えなさい。
　①早く起きなさい。
　②なぜ起きないんですか。
　③何て早いんでしょう。
　④太郎が走っている。

4 次の文を文節に分けなさい。
　①英語の勉強がだんだんわかってきた。
　②公園を走っている人は部長の田中さんです。

5 次の単語の品詞は何ですか。
　①走る　　②新しい　　③学校　　④〜から（起点を表す）
　⑤される（受身）
　⑥新鮮だ　　⑦私　　⑧〜たち（複数を表す）　　⑨ところが
　⑩御〜

6　次の動詞の国文法における活用の種類は何ですか。
　　①聞く　　②食べる　　③来る　　④歩く　　⑤着る

7　次の文を図式化しなさい。
　　①水泳がとても好きです。
　　②太郎はきのう公園を走った。
　　③青く澄んだ空の下で1時間遊んだ。
　　④もし私が鳥だったら、空を飛べるのに。

第 8 章　日本語文法

1. はじめに　日本語文法とは何か

　アメリカで外国人に日本語を教えていたとき、アメリカ人の学生から「お湯を沸かす」は、どうして「水を沸かす」ではないのですか、と質問されました。「水を沸かす」は英語の boil water の訳ですが、確かに沸かすのは水だから、「水を沸かす」が論理的です。お湯をさらに沸かしたら、沸騰して蒸発してしまいますから。そのときは、習慣的に「お湯を沸かす」というからそのまま覚えるしかないとしか説明できませんでした。その後、何とか説得力のある説明はできないものかと考えて、次のように説明することにしました。
　一般的には、「N（名詞）をV（動詞）する」といえば、「りんごを食べる」「紙を切る」のように動詞の表す動作Vがその目的語の名詞Nに目に見えた影響を及ぼします。たとえば、「食べる」動作によって「りんご」の形が変わります。これに当てはめれば、「水を沸かす」が、「沸かす」ことによって「水」の温度が変わり、蒸発するので正しいことになります。しかし、「お湯を沸かす」の場合は、沸かした結果お湯になるわけで、Vの動作の結果がNの位置にくる、つまり「NをVする」で「Vした結果Nになる」という意味を持つ日本語特有の簡潔表現といえます。「ご飯を炊く」も、ご飯をさらに炊いたら、おかゆになってしまいますので、「米を炊く」が一般的には正しいのですが、これも、「(米を)炊いた結果ご飯になる」の簡潔表現です。「ホームランを打つ」（ボールを打った結果、ホームランになる）も同様です。
　日本人がふだん当たり前のように使っている「お湯を沸かす」に対して疑

問を持つのは、外国人が日本語を外国語として見ているからです。この章では、日本語を外国語として扱う、外国人のための日本語文法を紹介します。第7章の国文法とは全く違うわかりやすい文法です。

たとえば、国文法では、「です」と「ます」はどちらも丁寧語として扱われているだけですが、日本語文法では、「です」は「学校です」「白いです」「静かです」のように名詞・形容詞（イ形容詞といいます）・形容動詞（ナ形容詞といいます）に付くのに対し、「ます」は「行きます」「見ます」のように動詞に付く、と説明します。このように、実際に使われる形にもとづいているのが、日本語文法の特徴です。

さて、国文法と日本語文法では、品詞の呼び名が少し違います。次の表1は、国文法と日本語文法における品詞の呼び名を対照させたものです。

表1　国文法と日本語文法の品詞の対照

国文法	日本語文法	英文法
名詞	名詞	Nouns
形容詞	イ形容詞	Adjectives
形容動詞	ナ形容詞	Adjectives
連体詞	連体詞	Adjectives
動詞	動詞	Verbs
副詞	副詞	Adverbs
接続詞	接続詞	Conjunctions
感動詞	間投詞	Interjections
助詞	助詞	{Prepositions}
助動詞	――	――

英文法の Adjectives の文法的機能は名詞を修飾することですので、国文法の形容詞（「白い花」など）、形容動詞（「静かな家」など）、連体詞（「小さな家」など）がそれに対応しています。日本語文法では、国文法の形容詞・形容動詞をイ形容詞・ナ形容詞といいます。日本語文法では助動詞という品詞を立てていません。複雑すぎるからです。では、名詞・形容詞・連体詞・副詞・動詞の順で解説します。

2. 名詞

名詞は、表す対象によって次のように分けられます。

(1) 名詞の分類

表す対象	例
①ものを表す	本　机　鉛筆
②人を表す	学生　先生　太郎君
③場所を表す	教室　駅　海
④動作を表す	勉強　けんか
⑤抽象的なものごとを表す	規則　権利

日本語には、「こ・そ・あ・ど」で示される指示代名詞があります。

(2) こそあどことば

指示対象	もの		場所	方向	方法
近称	これ	この	ここ	こちら	こう
中称	それ	その	そこ	そちら	そう
遠称	あれ	あの	あそこ	あちら	ああ
不定称	どれ	どの	どこ	どちら	どう

近称の「これ」は話し手の近くにあるものを指しますが、中称の「それ」と遠称の「あれ」の境界線はあいまいです。それよりも、日本語教育ではまず、「これ」と「それ」の区別を教えます。「これ」は話し手のそばにあるものを指し、「それ」は話し手から見て、聞き手のそばにあるものを指すときに使われます。「あれ」は話し手からも聞き手からも遠いものを指すときに使われます。

3. 形容詞

国文法では形容詞、形容動詞という術語を使っていましたが、日本語文法ではそれぞれを**イ形容詞**、**ナ形容詞**といいます。これは、「赤い本」「静かな部屋」のように連体形がそれぞれ「い」、「な」で終わるからです。形式をそのまま品詞名にしたほうがわかりやすいですね。次にその例を挙げます。

（３）　イ形容詞・ナ形容詞の例
　　　　イ形容詞　　速い　遅い　青い　赤い　白い
　　　　ナ形容詞　　静かな　にぎやかな　元気な　きれいな

ナ形容詞の「きれいな」は語幹が「きれい」と「い」で終わるので、イ形容詞とまちがわれることがあります。この場合、イ形容詞とナ形容詞は連体形によって区別されますので、「*きれい人」とはいえず、「きれいな人」といえるからナ形容詞である、と説明します。

形容詞は、国文法の活用表とは違って、次のような変化表になります。

表2　イ形容詞、ナ形容詞の変化表

		普通形（plain form）		丁寧形（polite form）	
		肯定形	否定形	肯定形	否定形
イ形容詞	現在形	白い	白くない	白いです	白くありません
	過去形	白かった	白くなかった	白かったです	白くありませんでした
ナ形容詞	現在形	静かだ	静かじゃない	静かです	静かじゃありません
	過去形	静かだった	静かじゃなかった	静かでした	静かじゃありませんでした

変化表は大きく**普通形**（plain form）と**丁寧形**（polite form）に分かれます。普通形は、**名詞修飾**（noun modification）の文や引用の文を作るのに必要です。

（４）　名詞修飾の文
　　　　京都で取った写真　　　顔の白くない人　（傍線部は普通形）
　　　*京都で取りました写真　*顔の白くありません人　（傍線部は丁寧形）

（５）　引用の文
　　　　この部屋は静かじゃないと思います。　（傍線部は普通形）
　　　*この部屋は静かじゃありませんと思います。　（傍線部は丁寧形）
　　　　太郎は、彼女の顔は白かったと思いました。（傍線部は普通形）
　　　*太郎は、彼女の顔は白かったですと思いました。（傍線部は丁寧形）

普通形と丁寧形はそれぞれ**肯定形**（affirmative form）と**否定形**（negative form）に分かれます。これによって、普通体・丁寧体の肯定文・否定文が作れるよ

うになります。さらに、この四つの形には**現在形**（present form）と**過去形**（past form）があります。これによって、現在の出来事だけでなく、過去の出来事も表現できるようになります。表2の活用はとても実用的といえるでしょう。

なお、次のようにイ形容詞、ナ形容詞の両方の形を持つ語もあります。
（6）　イ形容詞、ナ形容詞の両方の形を持つ語
　　　やわらかい／な　　こまかい／な　　あたたかい／な
これらは限られた数しかありませんので、そのまま覚えさせます。

4.　連体詞

「いわゆる」「あらゆる」など、名詞を修飾する語を**連体詞**といいます。
（7）　いわゆる知識人。あらゆる本。
国文法では、「小さな」、「大きな」も連体詞に含めましたが（第7章3.6「連体詞」を参照）、日本語文法では、これらは、「小さい／な（人）」、「大きい／な（人）」というように、イ形容詞のもう一つの連体形として扱います。

5.　副詞

副詞は述語となる語である動詞・イ形容詞・ナ形容詞、さらに他の副詞も修飾します。副詞には「ゆっくり」「少し」などがあります。
（8）　太郎はゆっくり走った。
（9）　ここは少し静かだ。
（10）　少しゆっくり話してください。
(8)の「ゆっくり」は「走った」を、(9)の「少し」は「静かだ」を修飾しています。(10)の「少し」は「ゆっくり」という副詞を修飾しています。

ここで、修飾についてまとめましょう。修飾には名詞修飾と述語修飾があります。

(11) 名詞修飾の例

　　修飾する語　　　例
　①名詞＋の　　　　ぼくの本
　②イ形容詞　　　　白い花
　③ナ形容詞　　　　静かな部屋
　④動詞　　　　　　きのう買った本
　⑤副詞　　　　　　もっと右
　⑥連体詞　　　　　あらゆる本　この本　こんな本

品詞にかかわらず、名詞にかかっていく例はみな同じ名詞修飾として扱います。

(12) 述語修飾の例

　　修飾する語　　　例
　①名詞＋「が、を、に、へ、で、まで」
　　　　　　　　　　太郎が走った。本を読む。太郎にあげる。学校へ行く。鉛筆で書く。公園まで走る。
　②イ形容詞　　　　新しく作る。
　③ナ形容詞　　　　きれいに作る。
　④動詞　　　　　　急いで作る。
　⑤副詞　　　　　　ゆっくり作る。

品詞や、主語・目的語などの文の役割にかかわらず、述語にかかっていく例はみな同じ述語修飾として扱います。

6. 動詞

　動詞は、日本語文法の根幹をなす品詞です。まず変化と活用の種類について述べ、続いて各種活用形の作り方を説明し、さらに動詞にかかわるテンスとアスペクトについて解説します。最後に、やりもらい動詞の導入の仕方を紹介します。

6.1 変化

動詞も形容詞と同じく次のような変化表になります。

表3　動詞の変化表

	普通形		丁寧形	
	肯定形	否定形	肯定形	否定形
現在形	食べる	食べない	食べます	食べません
過去形	食べた	食べなかった	食べました	食べませんでした

6.2 活用の種類

国文法では五つの活用の種類がありました。日本語文法では、日本語をローマ字で表記することによって次の三つの活用の種類に分けます。

(13)　日本語文法における動詞の活用の種類

活用の種類	定義	例
u 動詞	語尾が -u で終わる動詞	hanas-u（話す）　kik-u（聞く）
ru 動詞	語尾が -ru で終わる動詞	mi-ru（見る）
		tabe-ru（食べる）
不規則動詞	語尾は -ru で終わるが、テ形の語幹が異なる	ku-ru（来る）　su-ru（する）

u 動詞（u-verb）は、国文法の五段活用動詞にあたります。国文法と違うのは語幹です。語幹とは、どの活用形にも共通の変わらない部分です。国文法ではひらがな書きですから、たとえば、「話す」の場合、「はな（話）」までが語幹になりますが、日本語文法ではローマ字書きですから hanas- までが語幹になります。**ru 動詞**（ru-verb）は国文法の一段活用動詞にあたります。語幹は「見る」の場合は mi-、「食べる」の場合は tabe- です。u 動詞の語幹は、hanas-、kik- のように子音で終わるのに対し、ru 動詞の語幹は mi-、tabe- のように母音で終わります。**不規則動詞**（irregular verb）の「来る」（ku-ru）、「する」（su-ru）も語尾に -ru が付きますから、ru 動詞に含めたいのですが、テ形にすると「来て」（ki-te）、「して」（si-te）のように ku-、su- が ki-、si- に変わってしまいますので、不規則動詞とします。一方 ru 動詞は、mi-ru、tabe-ru をテ形 mi-te、tabe-te にしても語幹は変わりません。

次に、動詞のテ形の作り方を紹介します。

6.3　テ形の作り方

動詞の**テ形**(te form)が作れるようになると、人に何かを頼む「〜てください」や、自分の欲求を表す「〜てほしい」などの表現ができるようになります。また、「〜ている」(進行)、「〜てしまう」(完了)などのアスペクト(6.10参照)も表せるようになります。

(14)　テ形の作り方

u動詞	テ形	覚え方
会う・立つ・取る	会って・立って・取って	うつる→って
読む・呼ぶ・死ぬ	読んで・呼んで・死んで	むぶぬ→んで
書く・急ぐ	書いて・急いで	くぐ→いで
話す	話して	す→して

覚え方で「うつるって」とは、u動詞の終止形が「う」「つ」「る」で終わるときはテ形が「って」になることを表します。「むぶぬんで」「くぐいで」「すして」も同様です。ただし、u動詞の中で「行く」だけはテ形が「行って」になる例外で、そのまま覚えます。ru動詞の場合は「見る」「食べる」が「見て」「食べて」になるように、「る」を「て」に変えるだけです。不規則動詞は二つしかないので、「来る→来て」「する→して」と覚えます。

テ形の「て」を「た」に変えれば**夕形**(過去形)になり、過去のできごとが言い表せるようになります。

6.4　仮定形の作り方

仮定形(conditional form)は、動詞の語尾 -u を -e に変えて ba をつけることによってできます。この規則はどの種類の動詞にも当てはまります。

(15)　仮定形の作り方

u動詞　　nom-u → nom-eba(飲む→飲めば)、hanas-u → hanas-eba(話す→話せば)

ru動詞　　mi-ru → mi-reba(見る→見れば)、tabe-ru → tabe-reba(食べる→食べれば)

不規則動詞　ku-ru → ku-reba（来る→来れば）、su-ru → su-reba（する→すれば）

仮定形を使った文を挙げます。

(16)　この薬を飲めば、すぐなおりますよ。

仮定形を導入したあとには、「〜ばいい」「〜ばいいんです」という構文も教えることができます。

(17) A　かぜをひいたときは、どうすればいいでしょうか。

　　　B　薬をのめばいいんです。

6.5　可能形の作り方

可能形（potential form）は、u 動詞の場合、語尾の -u を -e に変えて -ru をつけることによってできます。ru 動詞の場合、語幹に rareru をつけます。不規則動詞「来る」は「来られる」、「する」は「できる」になります。可能形はすべて ru 動詞になります。

(18)　可能形の作り方

u 動詞　　　yom-u → yom-eru（読む→読める）、isog-u → isog-eru（急ぐ→急げる）

ru 動詞　　mi-ru → mi-rareru（見る→見られる）、ki-ru → ki-rareru（着る→着られる）

不規則動詞　ku-ru → ko-rareru（来る→来られる）、su-ru → deki-ru（する→できる）

可能形を使った例文を挙げます。

(19)　花子さんは漢字が書けます。

ru 動詞可能形の、いわゆるラ抜きことば「見れる」「食べれる」などは、初級の段階では導入しません。

6.6　使役形の作り方

使役形（causative form）は、u 動詞の場合、語尾の -u を -a に変えて -seru をつけます。ru 動詞の場合、語幹に saseru をつけます。不規則動詞「来る」は「来させる」、「する」は「させる」になります。使役形もすべて ru 動詞になります。

(20) 使役形の作り方
u 動詞　　ik-u → ik-aseru（行く→行かせる）、yar-u → yar-aseru（やる→やらせる）
ru 動詞　　mi-ru → mi-saseru（見る→見させる）、ki-ru → ki-saseru（着る→着させる）
不規則動詞　ku-ru → ko-saseru（来る→来させる）、su-ru → sa-seru（する→させる）

使役形を使った例文を挙げます。

(21)　猫にえさを食べさせました。

6.7　受身形の作り方

受身形(passive form) は、u 動詞と「する」の場合、使役形の -seru を -reru に変え、ru 動詞と「来る」の場合、-saseru を -sareru に変えます。受身形もすべて ru 動詞になります。

(22)　受身形の作り方

	使役形	受身形
u 動詞	ik-<u>a</u>seru	ik-<u>a</u>reru
する	sa-<u>s</u>eru	sa-<u>r</u>eru
ru 動詞	mi-<u>sas</u>eru	mi-<u>rar</u>eru
来る	ko-<u>sas</u>eru	ko-<u>rar</u>eru

英語では、「be 動詞＋過去分詞」で**受動態**(**受身** passive voice) を表します。

(23)　<u>John</u> was hit by Jane.（ジョンはジェーンによってぶたれた。）

受動態(23)には、対応する**能動態**(active voice) があります。

(24)　Jane hit <u>John</u>.（ジェーンはジョンをぶった。）

能動態(24)の目的語 John が受動態(23)の主語になっています。(23)のように、対応する能動態がある受動態を**直接受動態**(**直接受身** direct passive) といいます。その意味を考えると、主語が他の関係者によって直接影響をこうむるからです。たとえば(23)の場合、ジョンはジェーンにぶたれてたんこぶを作ったりします。

日本語でも、(25)の受動態は対応する能動態(26)があるので、直接受身

です。
 (25) 太郎は花子にぶたれた。
 (26) 花子は太郎をぶった。
能動態 (26) の目的語「太郎」が受動態 (25) の主語になります。日本語には、もう一つ、次のような受身があります。
 (27) 太郎は雨に降られた。
 (28) 母親は赤ちゃんに泣かれた。
 (29) 花子は子供に死なれた。
これらの受身には、対応する能動態がありません。
 (30) *雨が太郎を降った。
 (31) *赤ちゃんは母親を泣いた。
 (32) *子供は花子を死んだ。
(27)、(28)、(29) のような受身は、(25) と違って、主語が直接でなく間接的に何らかの影響をこうむるので、**間接受動態**(間接受身 indirect passive) といいます。この受身には、迷惑をこうむるという意味合いもありますので、**迷惑受身**(adversative passive) ともいいます。
 では、次の能動態の受身文を考えてみましょう。
 (33) どろぼうがお金を盗みました。
一つは、次の (34) です。
 (34) お金がどろぼうに盗まれました。
能動態 (33) の目的語「お金」が主語になっていますので、これは直接受身です。能動態 (33) の受身にはもう一つ次の (35) もあります。
 (35) どろぼうにお金を盗まれました。
これは迷惑のニュアンスを持つ迷惑受身です。
 日本語教育では、まず直接受身を導入します。その際、動詞の受身形をフラッシュカードで練習し（「ぶつ」→「ぶたれる」などの機械的ドリルをする）、次に、能動態を受身に直させます（「花子は太郎をぶちました」→「太郎は花子にぶたれました」）。
 迷惑受身は、たとえば「雨が降りました」を「雨に降られました」に直す練習をします。「降りました」を受身形「降られました」にするのは直接受

身と同じですが、さらに「が」を「に」に置き換えるのがポイントです。他動詞「盗む」などを含む能動態(33)を(35)のような間接受身にする場合も、「どろぼうがお金を盗みました」を「どろぼうにお金を盗まれました」にします。この場合、「が」を「に」に変え、目的語「お金」はそのままで、「盗みました」を受身形にします。

6.8 使役・受身形の作り方

使役形はすべて ru 動詞ですので、**使役・受身形**(causative-passive form)は、使役形の -ru を -rareru に変えることによってできます。

(36) 使役・受身形の作り方
    ik-aseru → ik-ase-rareru（行かせる→行かせられる）、
    mi-saseru → mi-sase-rareru（見させる→見させられる）
    ko-saseru → ko-sase-rareru（来させる→来させられる）
    sa-seru → sa-se-rareru（させる→させられる）

例を挙げましょう。

(37) 学生は先生に本を読ませられました。
(38) 学生は先生に学校へ来させられました。

u 動詞の場合、「行かせられる」が「行かされる」、「やらせられる」が「やらされる」になるなど、単純化されます。一方 ru 動詞と不規則動詞には単純化が起こりません。この u 動詞の単純化は、(36)の規則に反しますので、初級の段階では導入しません。使役・受身形が確実に定着したあとに導入します。

6.9 テンス

テンス(時制)とは、動詞によって表される時間で、現在・過去・未来があります。日本語では、状態を表す形容詞・動詞の現在形と、動作を表す動詞の現在形では、テンスに違いが現れます。まず、状態を表す形容詞・動詞の現在形は現在の状態を表します。

(39) 教室は寒い。
(40) 机の上に本がある。

一方、動作を表す動詞の現在形は未来の動作を表します。
　（41）　きょうは太郎が家に来る。
　（42）　花子に手紙を書く。
過去形はすべて過去の状態・動作を表します。
　（43）　教室は寒かった。
　（44）　花子に手紙を書いた。

6.10　アスペクト

　アスペクト（相）とは、動詞によって表される動作やできごとが、一定の時点においてどのようなようすであるかを表す文法手段です。一定の時点ですから、テンス（現在・過去・未来）とは無関係です。アスペクトには、完了・非完了、開始・継続（進行）・終了、反復、結果などがあります。
　たとえば、「動詞＋ている」の形で、次のようなアスペクトを表します。
　（45）　「動詞＋ている」のアスペクト
　　　　継続　　走っている　書いている　歌っている　笑っている　降っている
　　　　結果　　消えている　ついている　倒れている　開いている　しまっている
　　　　反復　　行っている　勤めている

たとえば「走っている」は、ある時点で走る動作が継続（進行）していますので、**継続**のアスペクトを表します。一方「（電気が）消えている」は、誰かが電気を消した結果の状態を表すので、**結果**のアスペクトといいます。ここで、「〜ている」とともに継続のアスペクトを表す「走る」「書く」などの動詞は、動作の継続を表すので**継続動詞**といいます。一方、「〜ている」とともに結果のアスペクトを表す「消える」「開く」などの動詞は、動作が瞬間的に終わるので**瞬間動詞**といいます。つまり、「継続動詞＋ている」は継続のアスペクト、「瞬間動詞＋ている」は結果のアスペクトを表します。「（学校に）行っている」「（会社に）勤めている」は毎日の習慣を表し、同じことを繰り返すので**反復**のアスペクトといいます。
　その他、動詞に「〜てしまう」をつけると**完了**のアスペクト、「〜はじめ

る」をつけると開始のアスペクト、「～終わる」をつけると終了のアスペクトを表すことができます。

6.11 やりもらい動詞

　日本語教育では、「あげる」(「やる」)「もらう」「くれる」とその敬語形「さしあげる」「いただく」「くださる」をやりもらい動詞といいます。「あげる」「やる」は英語の give に対応し、「あげる」は動作主と同等の人にものをあげるときに、「やる」は動作主よりも目下の人や動物などにものをあげるときに使います。

　（46）　友だちにプレゼントをあげました。

　（47）　犬にえさをやりました。

　（48）　花に水をやりました。

「もらう」は英語の receive に対応します。

　（49）　友だちにプレゼントをもらいました。

「くれる」も英語の give に対応しますので、英語圏学習者にとっては「あげる(give)」と「くれる(give)」の区別がつけにくくなります。この場合、「あげる」の動作主は話者で、プレゼントは話者から他の人に移動するのに対し、「くれる」の動作主は話者以外の人で、プレゼントは話者以外の人から話者に移動することを教えます。

　（46）　友だちにプレゼントをあげました。（動作主は話者。プレゼントは「話者→友だち」）

　（50）　友だちがプレゼントをくれました。（動作主は友だち。プレゼントは「友だち→話者」）

「あげる」と「くれる」の混同が起こらないようにするには、「あげる」と「もらう」の練習をしてから「あげる」と「くれる」の練習に入ることが必要です。実際に現場で教えた方法を以下に示します。まず、教師がプレゼントの箱を使って一人二役をします。

　　教師　これ、プレゼントです。つまらないものですが、どうぞ。

　　教師（向きを180度変えて）　どうもありがとう。

次に、学生Aにプレゼントの箱を渡し、同じやり取りをしてもらいます。

ア　学生A　これ、プレゼントです。つまらないものですが、どうぞ（学生Bに箱を渡す）。

イ　学生B　どうもありがとう。

次に、学生Aに「Aさんは何をしましたか」と聞き、次のように答えさせます。

　　学生A　Bさんにプレゼントをあげました。（クラス全員でリピート（CL RP））

さらに、学生Bに「Bさんはどうですか」と聞き、次のように答えさせます。

　　学生B　Aさんにプレゼントをもらいました。（CL RP）

ここで、学生全員にペンを持たせ、教師と同じ動作をつけて次のように言わせます。

　　教師　友だちに(to)ペンをあげました（ペンが自分から友だちに行く動作）（CL RP）

　　教師　友だちに(from)ペンをもらいました（ペンが友だちから自分に来る動作）（CL RP）

動作をまじえて言わせることで、二つの「に」を区別することができます。

　次に、学生CとDにも上記ア、イと同じやり取りをさせ、さらに「あげる」「もらう」を使って言わせた後、学生Dには、さらに「くれる」を使って次のように言わせます（「Cさんが〜」をキュー（きっかけ、ヒント）として言うとスムーズに次の文が出てきます）。

　　学生D　Cさんがプレゼントをくれました。（CL RP）

ここでまた、学生全員にペンを持たせ、教師と同じ動作をつけて次のように言わせます。

　　教師　友だちにペンをあげました（ペンが自分から友だちに行く動作）（CL RP）

　　教師　友だちがペンをくれました（ペンが友だちから自分に来る動作）（CL RP）

動作をまじえて言わせることで、二つのgive「あげる」(I gave something to someone.)と「くれる」(Someone gave me something.)を区別することができます。

次に、「さしあげる」「いただく」「くださる」は、教師と学生とのプレゼントのやり取りで教えます。まず、学生Eにプレゼントの箱を渡し、「私は先生です。私にプレゼントを下さい」と言って、次を言わせます。

　　学生E　これ、プレゼントです。つまらないものですが、どうぞ。

教師は「どうもありがとう」と言ってプレゼントをもらい、「Eさんは何をしましたか」と聞き、次を言わせます（プレゼントの箱を学生から教師に動かしながら）。

　　学生E　先生にプレゼントを<u>さしあげ</u>ました。CL RP（箱はCLから教
　　　　　　師に動かす）

さらに、学生Fにも同じやり取りをしたあと、次を言わせます（プレゼントの箱を教師から学生に動かしながら）。

　　学生F　先生にプレゼントを<u>いただき</u>ました。CL RP（箱は教師から
　　　　　　CLに動かす）

最後に、学生Gにもプレゼントをあげ、次を言わせます（「先生が〜」をキューにする）。

　　学生G　先生がプレゼントを<u>ください</u>ました。CL RP（箱は教師から
　　　　　　CLに動かす）

このようにして六つのやりもらい動詞が定着したら、次にそのテ形の練習に入ります。

7. おわりに

　英語のリスニングで、一つの単語がわからなかったばかりに、途中から全く聞き取れなくなってしまった経験を持つ人は少なからずいると思います。日本語を教えるときも、学習者の知らない単語を使って説明したらどうなるでしょう。日本語を外国語として学ぶ学習者の立場に立って教えることは、日本語教師として大切なことです。

　日本語を教えていると、外国人から日本語について思わぬ質問を受けることがあります。練習問題にもそのいくつかを紹介しましたので、考えてみましょう。

第 8 章のキーワード

イ形容詞　ナ形容詞　普通形　丁寧形　名詞修飾　肯定形　否定形　現在形　過去形　連体詞　副詞　u 動詞　ru 動詞　不規則動詞　テ形　タ形　仮定形　可能形　ラ抜きことば　使役形　受身形　受動態　能動態　直接受身　間接受身　迷惑受身　使役・受身形　テンス　アスペクト　継続　結果　反復　完了　開始　終了　継続動詞　瞬間動詞　やりもらい動詞

参考文献

『ホンモノの日本語を話していますか』　金田一春彦　2001 年　角川書店
　　「はじめに」で「お湯を沸かす」「ご飯を炊く」「ホームランを打つ」の説明を引用。
『日本文法研究』　久野暲　1973 年　大修館書店
　　「6.9 テンス」は 79–80 ページによる。
Endo Mutsuko Simon. 1987. *Supplementary grammar notes to An Introduction to Modern Japanese*. An Arbor: The University of Michigan.
　　「6.4　仮定形の作り方」から「6.8　使役・受身形の作り方」までを引用。
NAFL Institute 日本語教師養成通信講座　B-1 日本語の文法 (1)　B-2 日本語の文法 (2)　1987 年　アルク
　　「表 1 国文法と日本語文法の品詞の対照」、「(1) 名詞の分類」、「(2) こそあどことば」、「(11) 名詞修飾の例」、「(12) 述語修飾の例」、「(45)「動詞＋ている」のアスペクト」を引用。
『外国人がよくきく日本語・日本事情 Q&A』2002 年　アルク
　　「練習問題 4 〜 13」に引用。

推薦図書・教材

本格的に日本語教師を目指す人に　⇒ NAFL Institute 日本語教師養成通信講座
日本語教授法の実践的ドリルを学びたい人に
　　⇒『これだけは知っておきたい日本語教育のための教授法マニュアル 70 例』上・下　富田隆行　1993 年　凡人社
　　⇒『初級ドリルの作り方』　三浦昭　1983 年　凡人社
外国語としての日本語を知るための入門書として
　　⇒『外国語としての日本語』　佐々木瑞枝　1994 年　講談社
日本語のゲーム教材を知りたい人に
　　⇒『日本語コミュニケーションゲーム 80』CAG の会　1993 年　ジャパンタイムズ
　　⇒『初級日本語　ドリルとしてのゲーム教材 50』栗山昌子・市丸恭子　1992 年　アルク

歌を使って日本語を教えたい人に
  ⇒『歌から学ぶ日本語』 佐々木倫子監修　寺内弘子著　2001年　アルク
ビデオで日本語教育の現場を見たい人に
  ⇒『教え方のコツ　授業のすべて』　清ルミ　日本語の教え方実践シリーズ［1］
    1997年　アルク
ビデオで斬新的な日本語教授法を見たい人に
  ⇒『サイレントウェイ・CL/CLL・サジェストペディア　日本語教授法ワーク
    ショップ2』　鈴木健・真嶋潤子・筒井佐代監修　凡人社
日本語教育用のカードや絵教材を知りたい人に
  ⇒『日本語の教え方 スーパーキット　改訂版』　水谷信子監修　1999年　アルク

練習問題

1 次の動詞の日本語文法における活用の種類は何ですか。
　　①聞く　　②食べる　　③来る　　④歩く　　⑤着る

2 テ形が、①「って」になる動詞、②「んで」になる動詞、③「いて（いで）」になる動詞をそれぞれ五つ、辞書形（終止形）で挙げなさい。

3 イ形容詞とナ形容詞をそれぞれ五つ、名詞に続く形（「〜い」「〜な」の形）で挙げなさい。

4 「きれい」は「い」で終わるからイ形容詞ではないか、と質問されました。どのように説明しますか。

5 「雨にふられた」と「彼にふられた」の「ふられた」は同じですか。

6 「赤い」「青い」「黄色い」という形容詞はあるのに、どうして「緑」や「紫」から「緑い」「紫い」という形容詞が作られないのですか。

7 「王子」はどうして「おおじ」と書いてはいけないのですか。

8 「全然平気」という言い方を耳にしましたが、「全然」は否定形といっしょに使うのではないですか。

9 「ありがとうございます」と「ありがとうございました」の違いを説明してください。

10 「東京に行きます」と「東京へ行きます」の違いを説明してください。

11 「私は田中です」と「私が田中です」の違いは何ですか。

12 「カレシ」「ギター」など、どうしてアクセントが二つあるのですか。

13 「ジョンさんってアメリカ人でしたよね」と聞かれました。私は今でもアメリカ人なのですが。なぜ過去形で聞くのでしょうか。

第9章　敬語

1. はじめに　敬語とは何か

　最近の若者は敬語の使い方がまちがっている、乱れているという声をよく耳にします。確かに、面接試験で自分の母親のことを「私のおかあさんは〜」と言ったり、ほかの人に対して「先生が申されました」などと言ったりするのは明らかなまちがいです。しかし、日本には内と外を区別するという社会習慣があり、「身内の人のことを他人に言うときは、その人がたとえ自分より目上であっても、謙譲語を使う」というルールを知っていれば、「私の母は〜」と言えるようになるでしょうし、「申す」は謙譲語で、目上の人の行為には使えないことを知っていれば、「先生がおっしゃいました」と言えるようになるでしょう。ちょっとした敬語の知識を身につけるだけで、敬語は上手に使えるようになります。

　敬語というと、課長と部長、後輩と先輩などの上下関係にもとづいて使われる表現を真っ先に思い浮かべる人が多いかもしれません。しかしそれだけではありません。また、敬語は日本語にしかないと思っている人もいるかもしれません。しかし敬語は日本語だけに特有な表現ではありません。

　この章では、まず敬語とは何かについて述べ、次に敬語の特徴、分類、メカニズムを探り、さらに敬語の使われる場面を取り上げ、最後に世界の敬語を紹介します。

　敬語（honorific）とは、表現主体が自分自身・表現の相手・話題の人物それぞれの間に上下・親疎・恩恵・利害などの関係を認識し、その認識にもとづいて行う表現です。

次に、敬語の特徴を箇条書きにします。
① 言語主体(話し手・書き手)の、対象についての何らかの顧慮(心づかい)がある。
② その顧慮は、言語主体の、対象に対する何らかの評価的態度を伴っている。
③ 顧慮・評価的態度にもとづく、表現の使い分けがある。

たとえば、デパートの店内での「A様、いらっしゃいましたら、正面玄関までお越しくださいませ」というアナウンスを考えてみましょう。「いらっしゃいましたら」と「お越しくださいませ」という表現には、客を高く評価し、大切に扱おうとする店員の心づかいが現れています。また、デパートの店員が化粧品のセールスをする場合、次のような使い分けができます。

（１） これは新製品です。（数人の客に対して言う場合）
（２） これは新製品でございます。（特別の顧客一人に対して言う場合）

これは、客に対する評価にもとづいて「です」と「でございます」を使い分ける例です。次に、日本語の敬語の分類法を述べます。

2. 敬語の分類

まずは敬意表現のしかたという観点から、次に文法機能の観点から日本語の敬語を分類してみましょう。

2.1 敬意表現のしかたによる分類

2.1.1 尊敬語・謙譲語・丁寧語

話し手(書き手)が、対象となる人を直接高めて使う敬語を**尊敬語**といいます。話し手(書き手)が自己を低めることによって対象となる人を高めて使う敬語を**謙譲語**といいます。また、話し手が聞き手に対して敬意を表し、話しぶりを丁寧にするために使われる敬語を**丁寧語**といいます。

尊敬・謙譲を表す代表的な動詞(敬語動詞)には、次のような語があります。

表1　日本語の敬語動詞

普通語	尊敬語	謙譲語
いる	いらっしゃる・おいでになる	おる
行く	いらっしゃる・おいでになる	参る・伺う
来る	いらっしゃる・おいでになる　お越しくださる	
する	なさる・あそばす	いたす
言う	おっしゃる	申す・申し上げる
食べる	召し上がる	いただく
着る	お召しになる	
見る	ご覧になる	拝見する
知る	ご存知です	存じる・存じ上げる

「ご存知」は尊敬語、「存じる」「存じ上げる」は謙譲語です。
　動詞は、次の公式を使って尊敬・謙譲を表すこともできます。
（3）　敬語の公式

敬語の種類	公式	例	
①尊敬	お（ご）〜になる	お待ちになる	ご出席になる
	お（ご）〜なさる	お話なさる	ご休憩なさる
	お（ご）〜くださる	お待ちくださる	ご相談くださる
	お（ご）〜です	お待ちです	ごもっともです
	〜てくださる	聞いてくださる	
②謙譲	お（ご）〜する	お待ちする	ご無沙汰する
	お（ご）〜いたす	お知らせいたす	ご案内いたす
	お（ご）〜いただく	お話いただく	ご出席いただく
	〜ていただく	見せていただく	
	〜てさしあげる	読んでさしあげる	

名詞にも尊敬語・謙譲語があります。
（4）　尊敬・謙譲を表す名詞
　　①尊敬語　　貴兄　貴大学　御社　こちら　そちら　どちら　ご子息　お話
　　②謙譲語　　拙文　拙論　愚妻　粗品　粗茶　わたくし　わたくしども

次の図1で、尊敬語と謙譲語のメカニズムを説明しましょう。

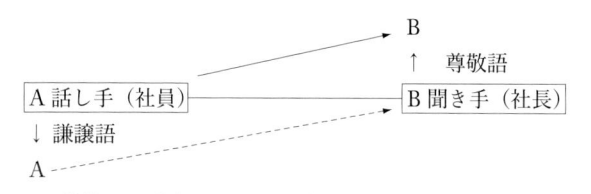

```
                          → B
                          ↑ 尊敬語
    A 話し手（社員）─────── B 聞き手（社長）
    ↓ 謙譲語         ╴╴╴╴╴↗
    A
```

図1　尊敬語と謙譲語のメカニズム

図1で、話し手A（社員）と聞き手B（社長）は、Aが敬語を使う前は、水平な実線の示すように言語的に上下関係はありません。しかし、AがBに「社長はきのうどちらへいらっしゃいましたか。」のように尊敬語を使った場合、Bはそれによって高められます。結果的にAとBの位置関係は、長い実線の矢印が示すようにAよりBの方が高くなります。また、AがBに「社長にお伺いします。」のように謙譲語を使った場合、A自身がそれによって低められます。結果的にAとBの位置関係は、長い点線の矢印が示すように、尊敬語を使ったときと同じくAよりBの方が高くなります。

　丁寧語の「です」「ます」「ございます」は、話し手が聞き手に対して丁寧に述べる表現ですが、聞き手を高める表現ではありません。

2.1.2　丁重語と美化語

　前節で挙げた尊敬語・謙譲語・丁寧語の三つは、伝統的な敬語の分類法ですが、それに、丁重語・美化語を加える分類が主流になってきました。丁重語は、「致す」「おる」「申す」「参る」など、従来の謙譲語といわれる語の呼び名です。

　　（5）　それは私が致します／明日は家におります
　　（6）　それは私がします／明日は家にいます

「致す」「おる」は、「する」「いる」の謙譲表現（話し手自身を低める表現）というよりも、(5)の「致します」「おります」は(6)の「します」「います」をより丁寧に表現したもので、謙譲語の丁寧用法といえます。これを**丁重語**と呼びます。丁重語は話し相手に対してのみ使われます。一方、丁重語に含まれない「伺う」などの謙譲語は「先生の家に伺ってもよろしいでしょうか」

などの会話文以外に、「先生の家に伺いました」のような叙述文にも使われます。

美化語は、名詞に接頭語「お」「ご」をつけた「お菓子」「お弁当」「ごちそう」などです。これらは従来丁寧語として扱われてきたものです。丁寧語は聞き手に対する敬意を表しますが、**美化語**は、ものごとを美化して述べる表現です。

2007年2月に、文化審議会により敬語の指針が提示されました。その中では、これまでの**敬語の三分類**と、丁重語・美化語を含む**敬語の五分類**の関係が次のように示されています。

（7） 敬語の三分類と五分類の関係

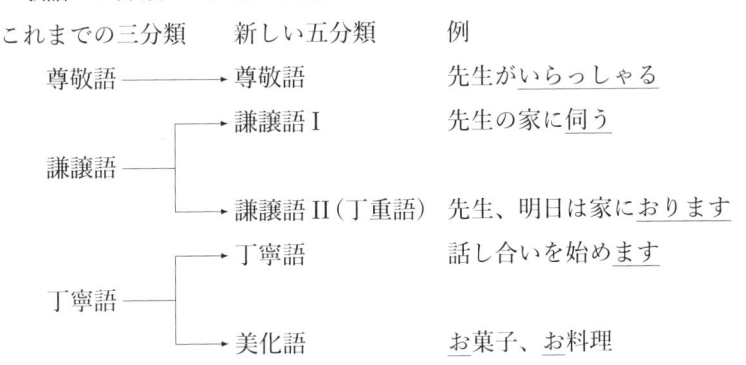

これまでの三分類	新しい五分類	例
尊敬語	→ 尊敬語	先生が<u>いらっしゃる</u>
謙譲語	→ 謙譲語Ⅰ	先生の家に<u>伺う</u>
	→ 謙譲語Ⅱ（丁重語）	先生、明日は家に<u>おります</u>
丁寧語	→ 丁寧語	話し合いを始め<u>ます</u>
	→ 美化語	<u>お</u>菓子、<u>お</u>料理

尊敬語は変わりありません。謙譲語はⅠとⅡに分かれました。謙譲語Ⅰは自分の行いをへりくだって相手を立てて述べる表現、謙譲語Ⅱ（丁重語）は自分の行いをへりくだって、話す相手に丁重に述べる表現です。丁寧語も丁寧語と美化語に分かれました。丁寧語は話す相手に対して丁寧に述べる表現、美化語はものごとを美化する表現です。

2.2 文法機能による分類

敬語は、文法機能によって次の表2のように分けることができます。

表2　敬語の文法機能による分類

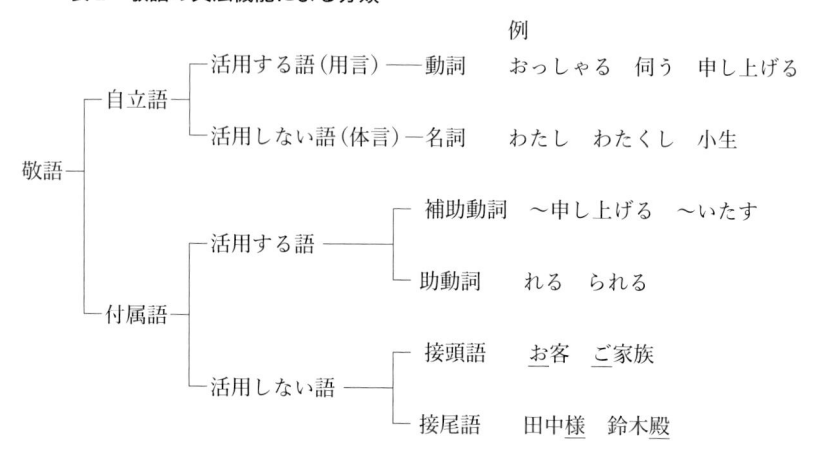

```
                                              例
          ┌自立語┬─活用する語（用言）── 動詞　おっしゃる　伺う　申し上げる
          │      └─活用しない語（体言）─ 名詞　わたし　わたくし　小生
敬語──┤
          │      ┌─活用する語──┬─補助動詞　〜申し上げる　〜いたす
          └付属語┤              └─助動詞　　れる　られる
                 │
                 └─活用しない語─┬─接頭語　　お客　ご家族
                                 └─接尾語　　田中様　鈴木殿
```

表2で、まず敬語は自立語と付属語に分けられます。自立語・付属語はそれぞれ、さらに活用する語としない語に分けられます。自立語で活用する語（用言）は「おっしゃる」などの動詞、自立語で活用しない語（体言）は「わたくし」などの名詞です。付属語で活用する語には補助動詞と助動詞があります。

（8）　先生をお待ち申し上げた。
（9）　ここでお待ちいたします。
（10）　社長が本を書かれました。
（11）　課長が本を借りられました。

（8）の「〜申し上げる」は謙譲語Ⅰの補助動詞、（9）の「〜いたす」は謙譲語Ⅱの補助動詞、（10）、（11）の「れる」、「られる」は尊敬の助動詞です。

付属語で活用しない語には、「お〜」などの接頭語と「〜様」などの接尾語があります。

3.　敬語が使われる場面

敬語が使われる場面としては、たとえば、会社で社員が上役に対して使うなどの上下関係が典型的ですが、そのほかにもあります。ここでは、恩恵関

係・利害関係・上下関係・親疎関係・内外関係について述べます。以下の記述では、AがBに対して、意識して敬語を使うものとします。

3.1 恩恵関係

AがBに対して何らかの恩恵をこうむっている場合、AはBに敬語を使います。たとえば、小学校に通う子供を持つ親は、その子供の担任の先生に対して、子供がお世話になるという恩恵をこうむっていますので、敬語を使います。

(12) 先生、うちの娘がいつもお世話になっております。

同じように、病院の患者は医者に対して、治療してもらっているという恩恵をこうむっていますので、敬語を使います。

3.2 利害関係

AがBに対して何らかの利益をこうむっている場合、AはBに対して敬語を使います。たとえば、飛行機の客室乗務員は客からお金を受け取っていますので、サービスとして敬語を使います。

(13) お客様、お茶とコーヒーのどちらになさいますか。

同じように、デパートなどの店員も、客に対して敬語を使います。これは、営業用の敬語といえます。

3.3 上下関係

AがBよりも目下である場合、AはBに対して敬語を使います。たとえば、会社で課長は部長に対して敬語を使います。

(14) 部長はこの連休中にどちらにいらっしゃいましたか。

同じように、大学では講師が教授に対して、またレストランでは従業員が店長に対して敬語を使います。

3.4 親疎関係

AとBとの関係が疎い場合(初対面、あるいは会って間もないとき)、AはBに対して敬語を使います。たとえば、マンションに引っ越してきたば

かりのAが、隣の住人Bに挨拶するとき、次のように言います。
  (15)　このたび、隣に引っ越してまいりました田中と申します。どうぞよ
　　　　ろしくお願い致します。
一方で、同じマンションにお互いに10年も住み、顔なじみの家族同士では、あまり敬語は使わず、くだけた会話になります。

3.5　内外関係

　日本人は身内の人(内)と外部の人(外)を区別する習慣があり、この習慣が敬語にも反映されます。たとえば、ある会社の田中という部長を外部のBが訪ねて来たとします。その会社の受付のAは、部長が不在の場合、次のように言います。
  (16)　部長の田中は、只今席をはずしております。
受付の人にとって田中部長は上司であり、ふだん面と向かって会話するときはいつも敬語を使います。しかし、ここでは身内である田中部長のことを、外部の人に対して言うので、「田中部長」という尊敬表現を使わず、役職名を名前の前にもってきて名前を呼び捨てする「部長の田中」を使っています。
　同じように、母親は子どもにとって目上ですが、会社の面接などで自分の母親を指す場合は、「お母様」でなく「母」を使います。
  (17)　わたくしの母は、パートタイムの仕事をしております。

4.　世界の敬語

　世界の諸言語の中にも、相手をうやまって用いる敬語表現があります。ここでは、日本と同じように敬語表現が発達している韓国語を中心に、中国語・英語についても述べます。

4.1　韓国語

　韓国語にも、尊敬語・謙譲語・丁寧語・美化語の区別があります。また、尊敬を表す辞「－시－」を使った文法的方法と、敬語動詞を使った語彙的方

法の両方がある点も日本語と似ています。次の表3で、日本語と韓国語の敬語を比べてみましょう。

表3　日本語と韓国語の敬語表現

方法	語彙		文法	
言語	韓国語	日本語	韓国語	日本語
尊敬語	자시다 (召し上がる)	召し上がる	―시―	(ら)れる
謙譲語	드리다 (さし上げる)	さし上げる	―――	お～する
丁寧語	―――	―――	～입니다	～です・ます
美化語	진지 (ご飯)	なくなる(←死ぬ)	―――	お(ご)～

　日韓ともに、尊敬語は、語彙的表現・文法的表現があり充実しています。謙譲語・美化語は、韓国語に文法的表現がない分日本語のほうが充実しています。丁寧語は、日韓どちらも語彙的表現はありませんが、文法的表現はあり、差がありません。

　韓国語にあって日本語にない敬語の用法に、内と外の区別なく目上の人を必ず敬うという絶対敬語の用法があります。たとえば、自分の母親は目上ですから、外部の人に対して自分の母親を指して言うときも、韓国語では「お母様」(어머님オモニム)を使います。

4.2　英語

　アメリカは平等の国で、アメリカ人は概してインフォーマルですから、アメリカ人には敬語の意識があまりないとよく言われます。確かに、韓国語や日本語のように語彙による敬語(尊敬語動詞「召し上がる」や謙譲語動詞「申しあげる」など)はありません。しかし、実は英語にも日本語の敬語にあたることばがたくさんあります。まず、人の名前につける Mr. Mrs. Miss. Ms. などは、日本語の「～さん」「～様」にあたる尊敬語といえます。手紙の書き出しの Dear や相手に対して呼びかける Sir? も相手を敬うことばです。命令文に Please をつける丁寧表現もあります。たとえば、Send me some information（情報を送りなさい）は

 （18） Please send me some information.（情報を送ってください）

となります。命令形を疑問形にするともっと丁寧になります。

 （19） Can you send me some information?（情報を送ってくれませんか）

 （20） I wonder if you could send me some information.（情報を送ってくれるでしょうか）

相手に、要求したことをすでにしてもらったと仮定し、それに感謝すると、さらに丁寧になります。

 （21） I would be grateful if you could send me some information.
    情報を送ってくれるとありがたいです。

また、命令形を受身にすると、直接を避けた丁寧な表現になります。たとえば、Submit your report on Friday（金曜日にレポートを提出しなさい）は次のようになります。

 （22） Report must be submitted on Friday.
    レポートは金曜日に提出しなければならない。

命令の押しつけを少なくする表現もあります。たとえば、Answer these questions（この質問に答えなさい）は次のようになります。

 （23） Take a moment to answer a few questions.
    少し時間をとって、2、3の質問に答えなさい。

相手に謝って命令を丁寧にする方法もあります。たとえば、Turn in the key（鍵を提出しなさい）は次のようになります。

 （24） I'm sorry, but you'll have to turn in your key.
    すみませんが、鍵を提出しなければなりません。

相手の言ったことを聞き返すときも、Excuse me? や I'm sorry? を使いますが、これらは、日本語の謙譲表現にあたります。最後に、相手の意見を聞くときにも、次のような表現があります。

 （25） As a novice, I need your expert opinion.（初心者として、熟達者の意見が必要です）

この novice は謙譲語、expert は尊敬語といっていいでしょうから、これは、2種類の敬語を使ったとても丁寧な英語ですね。

4.3 中国語

　中国語で敬語といえる語としては、まず、老師〜、老〜、小〜などが挙げられます。これらは、英語の Mr. などと同じく尊敬の接頭語です。「老師」は日本語の「先生」という意味でも使われ、尊敬を表す語彙です。また、二人称「你」の尊敬語として「您」があります。

　(27)で、文の最初につける「請」と文の最後につける「好嗎」は、(26)のような命令をやわらげる丁寧表現といえます。

　(26)　給我拿来（持って来い）

　(27)　請　給我拿来好嗎？（持って来てくださいませんか）

(27)の「請〜好嗎？」は英語の Would you please 〜にあたる表現です。

　謙譲を表す語彙として「拝会」(訪問する)、「奉送」(差し上げる)などがありますが、日本語の「お〜する」のような文法的な用法はありません。中国語では、名詞による敬語表現が発達しています。たとえば、日本語では、相手の苗字や名前を聞くとき、「ご苗字は？」「お名前は？」と「ご」や「お」をつける程度ですが、中国語では、苗字を聞くときは「您貴姓」、名前を聞くときは「您尊名」といいます。年を聞く場合も、「您高齢」、もし相手が女性ならば「您芳齢」といいます。「尊」「貴」「高」「芳」はみな尊敬語です。謙譲表現もあります。たとえば、「私の国」は「敝国」、つまり「敗れた国」といいます。ですから、「私の国は日本です」は、中国語では「ビイグオ・シィ・リィベン」となります。

5. おわりに

　文化審議会によって敬語の五分類が新たに示されました。その理由の一つは、使い方を考えるときに整理しやすくするためです。丁寧語をより丁寧に表現する丁重語を謙譲語から独立させ、ものに対してつける美化語を丁寧語から独立させることによって、使い方がよりはっきりしました。もう一つの理由は、さまざまな国や年代の人とふれあう機会が増え、またインターネットなどで顔の見えない人とのやりとりも増えるこれからの時代には、人と人との関係を調整する敬語もますます必要になってくるからです。新しく提示

された丁重語は、話す相手に対して、これまでの丁寧語よりもさらに丁寧に述べる表現です。たとえば、丁寧語「します」は丁重語「いたします」に、「います」も「おります」になります。これは、敬語が**受け手尊敬語**（addressee honorific）、つまり話す相手を意識して丁寧に使う語に変わってきていることを示しています。

歴史的にも、「さぶらふ」などの敬語は、**対象敬語**（referent honorific）から受け手尊敬語に変化しています。敬語の歴史的変遷については、推薦図書を参考にしてください。

第 9 章のキーワード

　　敬語　　尊敬語　　謙譲語　　丁寧語　　丁重語　　美化語　　敬語の三分類　　敬語の五分類
　　恩恵関係　　利害関係　　上下関係　　親疎関係　　内外関係　　受け手尊敬語　　対象敬語

参考文献

『岩波講座日本語 4　敬語』　大野晋・柴田武編　1977 年　岩波書店
　　「1　はじめに」で取り上げた、敬語の定義・特徴は、南不二男による「1　敬語の機能と敬語行動」の「一　なにを敬語と呼ぶか」(3–8 ページ) による。
『新しい国語学』　佐田智明他　1988 年　朝倉書店
　　「2.1.2　丁重語と美化語」は「第五章　敬語」「二　敬語の表現」の 153–156 ページによる。「4　世界の敬語」は「三　世界の敬語」の 157–160 ページを参考にした。
『外国語としての日本語』　佐々木瑞枝　1994 年　講談社
　　「3　敬語が使われる場面」は「第 5 章　待遇表現の指導」の 170–177 ページによる。
Linguistics for Non-Linguists. Fourth Edition. Frank Parker and Kathryn Riley. 2005. Boston, New York, and San Francisco: Pearson.
　　「4.2　英語」の英語の用例は Chapter 2: Pragmatics p.29 より引用。
『日本語　新版 (下)』　金田一春彦　1988 年　岩波書店
　　「4.3　中国語」の名詞による敬語表現は「V　文法から見た日本語 (一)」186–187 ページより引用。
『恥をかかない日本語の常識』　1998 年　日本経済新聞社
　　「練習問題 2」に、「第 5 章　注意すべき敬語の使い方」の「3　最近の敬語の乱れ」「4　尊敬語と謙譲語の混同」(140–145 ページ) より一部を引用。

推薦図書

心を伝える敬語を学びたい人に
 ⇒『大村はまの日本語教室 日本語を育てる』 大村はま 2002 年 風濤社

社会人としての敬語を学びたい人に
 ⇒『面白いほど身につく敬語の練習帳』 日向茂男 2000 年 中経出版

手紙文の敬語をマスターしたい人に
 ⇒『ビジネス お礼状・挨拶状文例事典』 1998 年 小学館

敬語も含めて日本語は乱れているかという議論に興味を持っている人に
 ⇒『日本語よどこへ行く』 井上ひさし他 1999 年 岩波書店

クイズ形式で敬語を学びたい人に
 ⇒『正しい敬語で話せますか？』 21 世紀の日本語を考える会編 2001 年 ベストセラーズ

敬語の歴史的変遷に興味ある人に
 ⇒『講座国語史 5 敬語史』 辻村敏樹編 1971 年 大修館書店
 ⇒『日本の敬語』 金田一京助 1959 年 角川書店
 ⇒ Traugott, Elizabeth Closs, and Richard B. Dasher. 2002. *Regularity in Semantic Change*. Cambridge: Cambridge University Press.

練習問題

1 次の敬語を「A 尊敬語」、「B 謙譲語」に分け、A、B の記号で答えなさい。
   ①いただく　②召し上がる　③参る　④いらっしゃる
   ⑤拝見する

2 次のそれぞれの文には、敬語の使い方のおかしいところが一箇所あります。正しくいいかえなさい。
   ①（客に対して主人が）「ジュースをいただかれてください」
   ②（ウェイトレスが客に対して）「ソースをおかけしてお召し上がりください」
   ③（A 会社の受付が、A 会社の部長を訪ねてきた B 会社の人に対して）「田中部長は、今席をはずしております」
   ④（店の張り紙で）本日は休業させていただきます。
   ⑤（客に対して店員が）「明日いらっしゃられてください」

3 次の会話は学生と先生との会話で、学生がはじめて先生のオフィスを訪ねるところから始まっています。学生の会話の中で、敬語を使うべきところを指摘し、正しく直しなさい。

学生　（ドアをノックする）
先生　どうぞ。
学生　（ドアをあけて）失礼します。（オフィスに入って）○○先生、はじめまして。××といいます。どうぞよろしく。
先生　こちらこそ、どうぞよろしく。どうぞおかけください。
学生　はい、どうもありがとう。（すわる）
先生　××さん、コーヒーでもいかがですか。
学生　はい、もらいます。（先生、学生にコーヒーを入れて出す）
学生　どうもありがとうございます。きょうは、先生にききたいことがあって、ここに来ました。
先生　そうですか。積極的でいいですね。何でしょう。

学生　はい。今日の講義の中で先生が使った「バックチャンネル」とはどういう意味でしょうか。
先生　ああ、あれは「あいづち」のことですよ。
学生　ああそうですか。わかりました。どうもありがとう。また、わからないことがあったら、先生にメールしてもいいですか。
先生　ええ、もちろんいいですよ。いつでも、何でも聞いてください。
学生　ありがとうございます。では、失礼します。
先生　きょうは来てくれてありがとう。また、いつでも来てくださいね。お待ちしています。

第10章　ことばの変化

1. はじめに

　この間、電車に乗っていたら、若い女性に席を譲られました。生まれて初めてのことです。ちょっとショックでした。まだ若いつもりでいたのですが、髪の毛も年々シルバーになっていって、まあ、しかたがないのかもしれません。人間だれしも、少しずつ年を取り、体も少しずつ衰えていきます。でも、ある年齢になってから突然ブレークする人もいますよね。人間は生まれてから、少しずつ年を取るにしても、突然ブレークするにしても、みんなそれぞれ変化しています。ことばも、人間と同じように、絶えず変化しています。ここでは、ことばの変化 (language change) に注目して述べることにしましょう。まずは、日本語の語の種類（語種）の変化を取り上げ、次に、新しい語彙を作る過程である語彙化を取り上げます。続いて、音の変化、意味の変化を取り上げ、最後に文法の変化について述べます。

2. 語の種類の変化

　日本語は、どこから来たかによって、和語、漢語、外来語に分けることができます。**和語** (Japanese native words) あるいは「やまとことば」とは、日本にもとからあった語です。**漢語** (Sino-Japanese words) は中国から来た語です。さらに、欧米から入って来た語を**外来語** (foreign words) といいます。外来語は、読んで字のごとく「（日本の）外から来た語」であり、中国から来た漢語も外来語といえます。しかし、日本語の中で漢語の占める割合が非常

に高いので、漢語を外来語から独立させて、欧米から来た語を外来語と呼ぶのが習慣となっています。以上の3種類の中から二つを組み合わせて作った語を**混種語**（hybrid）といいます。それぞれの例を次に挙げます。

（1）　日本語の種類

種類	定義	例
①和語	日本古来の語	山、見る、立つ、赤い
②漢語	中国から来た語	道理　功徳　世界、案内
③外来語	欧米から来た語	タバコ、パン、ガラス、コップ
④混種語	①②③の組み合わせ	①②手数、②①整理棚 ①③さわやかカップル、③①ガラス窓 ②③粘着ボード、③②アメリカ生活

さて、この4種類の語彙の割合は、時代ごとにどうなっているでしょう。宮島（1967）は、現代雑誌90種の語彙調査における頻度の高い1000語について、『万葉集』（8世紀前半頃）、『源氏物語』（11世紀初め頃）、『日葡辞書』（1603年）、『和英語林集成』（1867年）、『新訳和英辞典』（1909年）、『新和英大辞典』（1931年）を対象として、さかのぼることのできる各時期の語種の比率を次の表1にまとめています。

表1　現代語彙高頻度上位1000語の語種別出現数

	万葉集 奈良時代	源氏物語 平安時代	日葡辞書 江戸初期	和英語林集成 江戸末期	新訳和英辞典 明治時代	新和英大辞典 昭和時代
和語	326 100%	420 94.2%	515 78.7%	562 73.9%	567 59.6%	580 58.5%
漢語	0 0%	23 5.2%	134 20.5%	190 25.0%	**368** **38.7%**	382 38.5%
外来語	0 0%	0 0%	0 0%	1 0.1%	3 0.3%	16 1.6%
混種語	0 0%	3 0.7%	5 0.8%	8 1.1%	13 1.4%	14 1.4%

　万葉集の時代（奈良時代）には和語だけでした。源氏物語の時代（平安時代）には、漢語が5％とわずかながら入ってきました。その後、6世紀たった日葡辞書（江戸時代初め）では漢語が20％になり、さらに250年たった和英語林集成（江戸時代終わり）では漢語が25％になりました。漢語が少しずつ増えていることがわかります。ところが、そのわずか40年後の新訳和英辞典（明治時代終わり）では、漢語が40％近く（38.7％）にもなっています。新和英大辞典（昭和時代）でも同じくらいの比率（38.5％）です。外来語は新和英大辞典（昭和時代）になってから少し増えましたが、和語、漢語に比べて比率は低くなっています（1.6％）。

　さて、この表は漢語が明治時代に大ブレークして増えたことを示しています。その原因は何でしょうか。

　明治維新後、明治政府は、外国に一刻も早く追いつくために、外国文化を急速に取り入れようとしました。ところが、外国語の書籍の場合、一般の人々は原書で読むことが困難でした。そこで、翻訳が必要になり、その際に翻訳者が作ったのが翻訳漢語でした。漢語は西欧語を翻訳するのにまさにうってつけだったのです。明治初期の翻訳漢語の例を次に挙げます。

（２）　明治初期の翻訳漢語
　　　神経、引力、地球、衛星、重力、圧力、速力、分子、物理学、化学、哲学、美学、工学、文部省、陸軍省、風船、扇形、近眼、「－的」

　　　　（西周による）：哲学、心理学、現象、客観、主観、観念、帰納、演繹
　　　　（福沢諭吉による）：演説、汽車、版権、討論
　　　　（前島密による）：郵便、為替、切手

このように、翻訳家たちの多大な努力によって、現在われわれが使っている漢語の多くができたのです。

3.　語彙化 (lexicalization)

　語彙化とは、新たに語彙を作り出す過程です。混成、混交（こんこう）、切り取り、合成、派生、転換、脱発話化（だつはつわか）の順に述べます。

3.1　混成 (blending)

　二つの要素の組み合わせによって作ります。「二拍＋二拍」の形がほとんどです。(3)は、どちらの二拍とも語の一部、(4)はあとの二拍のみ語の一部、(5)はどちらも独立した一語です。

　　（3）　こそどろ＝こそこそ＋どろぼう、がり勉＝がりがり＋勉強する
　　（4）　たなぼた＝棚からぼたもち
　　（5）　やぶへび＝やぶをつついて蛇を出す

若者ことばのマジ切れ（まじで切れること）は(3)のパターン、5時ピタ（5時になったらピタリと帰る）は(4)のパターンです。

3.2　混交 (contamination)

　ひとつの語をベースにして、それに音の似た語を重ね合わせて作ります。たとえば、「きたきりすずめ」は「したきりすずめ」に「着たきり」を重ねます。「忘れ形見」も「忘れがたし」という古語の形容詞に「形見」を重ねます。これを以下のような公式で表しましょう。

　　（6）　舌きりすずめ
　　　　　　　＋　　　　＝着たきりすずめ（今着ている衣服だけで、他に着替
　　　　　着たきり　　　　　　　　　　　　えのないこと）

（7）　忘れがたし
　　　　　＋　　　　＝忘れがたみ（亡くなった人を忘れないように残しておく
　　　　かたみ　　　　　　　　　品物）

四角で囲んだ部分をつなげて読んでください。もとになる語の一部（下線部）に、似た音の語が代入されてできていることがわかりますね。(7) は、「かたみ」が連濁で「がたみ」になっています。若者ことばの「シングルベル」もこの公式で表せます。

（8）　ジングルベル
　　　　　＋　　　　＝シングルベル（クリスマスを一人でさびしく過ごす
　　　　シングル　　　　　　　　　こと）

3.3　切り取り (clipping)

語の一部を切り取って作ります。
（9）　あわを食う　　「あわてる」より。ひどくあわてること。
（10）　しらを切る　　「知らない」より。知っているのに知らないふりをすること。
（11）　すかを食らう　「かたすかし」より。あてがはずれること。

「むきになる」の「むき」も「（感情）むき出し」を切り取ったものでしょう。

3.4　合成 (compounding)

二つの独立した語を組み合わせて作ります。
（12）　おうむ返し　　おうむのように同じことばを返すこと。
（13）　山分け　　　　儲けを半分ずつ分けること。山のように分けること。

「山分け」といっても山を分けるわけではなく、「おうむ返し」といっても借りたおうむを返すわけではありません。このように、合成語が文字通りの意味と異なっているのは、一語として語彙化したことの意味的証拠といえます。

3.5　派生 (derivation)

語に派生接辞を付けて作ります。語の品詞が変わります。

① 名詞＞動詞
- （14）　おどけ＋る＝おどける
- （15）　かも＋る＝かもる

② 名詞＞形容詞
- （16）　白＋い＝白い
- （17）　青＋い＝青い

3.6　転換 (conversion)

同じ形式の語の品詞を変えて使います。形が変わらない派生なのでゼロ派生ともいいます。

① 名詞＞副詞
- （18）　金輪際　仏教語で、大地の下（金輪）のはてを表す名詞。転じて、大地の果てまで、どこまでも、断じて。「こんな仕事は金輪際したくない」。

② 補助動詞＞動詞
- （19）　ぶる　気取る。「えらぶる・おとなぶる・もったいぶる」などの「ぶる」より。
- （20）　めかす　おしゃれをする。色めかす・時めかす、などの「めかす」より。

古文では名詞の「装束（さうぞく）」が動詞として「着物を着る」の意味で使われる例があります。

3.7　脱発話化 (delocution)

発話の単位として使われていたものを語として使います。

- （21）　そっちのけ　「そっち退け！」より。かまわずにほうっておくこと。
- （22）　見てくれ　自分のいい顔を「見てくれ！」より。外見。
- （23）　もってこい　自分の気に入ったものを「持って来い！」より。いちばん適したもの。

(24) これみよがし 「これ、見よかし」（これを見なさいよ）より。「かし」は相手に強く念を押す終助詞。得意になって見せつけるさま。

みな命令形から作られています。

4. 音の変化 (sound change)

ことばの発音も、次第に変化します。もともとあった音がなくなる場合（音の減少）と、新たに音が加わる場合（音の追加）がありますが、発音のしやすさという点から、音の減少のほうが一般的です。音便化、音の減少、音の追加、有声音化の順に述べます。

4.1 音便化
音便化には、イ音便化、ウ音便化、促音便化、撥音便化があります。

①イ音便化
イ音便化は、「かきなで」の「き」が「い」になるように、音が変化した結果イになる現象です。ローマ字で書くと、/ki/ の /k/ が落ちて /i/ になります。

(25) かい添え 「搔き添え（ちょっと添うこと）」より。付き添って世話をすること。
(26) かいなで 「搔きなで（表面をちょっとなでること）」より。通りいっぺん。
(27) かいま見る 「垣間見る（垣根の間から見る）」より。ちょっと見ること。
(28) さいはて 「先果て（先が果てたところ）」より。これより先がないはずれの所。
(29) さいわい 「さきわい（咲き＋はひ（名詞化語尾））」より。さいわい。幸福。

②ウ音便化

　ウ音便化は、「からくして」が「かろうじて」になるように、変化した結果ウになる現象です。これは、/raku/ ＞ /rau/ ＞ /roo/ の変化です。

　（30）　かろうじて＜からくして　やっとのことで。ようやく。
　（31）　神々しい＜かみがみしい　神聖で気高い

「こうごうしい」の「こうごう」は「かみがみ」からの音韻変化で、/kamigami/ ＞ /kaigai/ ＞ /kaugau/ ＞ /koogoo/ という段階を経た変化です。

③促音便化

　促音便化は、「きふう（気風）」が「きっぷ」になるように、音が変化した結果、促音「っ」になる現象です。

　（32）　上がったり　「上がりたり」より。商売・事業などがふるわず、すっかりだめになること。「上がる」に完了の助動詞「たり」のついた語。「上がる」は「すっかり～する」の意を添える補助動詞（「干上がる」「のぼせ上がる」など）と同じ意味。
　（33）　きっぷ　「気風」より。人の行動から感じ取れる気性。「きっぷのいい人」など。

④撥音便化

　撥音便化は、「かおはせ」が「かんばせ」になるように（/kao/ ＞ /kan/）、変化した結果「ん」になる現象です。

　（34）　神無月　「神無し月」より。全国の神様が出雲大社に集まり、諸国が神無しになる月。陰暦の十月。
　（35）　かんばせ　「顔馳せ（顔の雰囲気が外に向かって出る様子）」より。顔つき。
　（36）　知らん顔　「知らぬ顔」より。知らないふりをすること。
　（37）　しんがり　「尻駆り（うしろから追い立てること）」より。敵が後ろから迫ってきたとき、味方の軍のうしろから早く逃げるように追い立てること。転じて最後尾。

以上の音便化はもとの音が音便に変化したので、音の長さは変わりません。

4.2 音の減少

音の減少、は「あいそう」が「あいそ」になったり、「ひきいでもの」が「ひきでもの」になったりするように、音が一拍分なくなる現象（弱化）です。

(38) あいそが尽きる　「あいそうが尽きる」より。愛想は「愛する気持ち」。愛する気持ちがなくなって、嫌気がさすこと。

(39) うたげ　「うちあげ」より。古語「打ち上ぐ」は「酒盛りする」。酒宴のとき、手をたたいて高く上げるしぐさより。宴会。

(40) 片棒をかつぐ　「かたぼうをかつぐ」より。駕籠の棒の片一方を担ぐ、から企てに加わって協力すること。

(41) かっこいい　「かっこういい」より。格好は姿かたち。見栄えがいい。

(42) 引出物　「ひきいでもの」より。「引き出で」は古語「引き出づ（引き出す）」より。もと、馬を引き出して贈り物にしたことから、主人が来客に贈る品物。

「うたげ」/utage/ は「打ち上げ」/utiage/ の /i/ がなくなってできた語です。

4.3 音の追加

音の追加は音の減少と逆に音が一拍増える現象で、ここではすべて促音の「っ」が増えています。

(43) きっすいの　「生粋の(純粋の)」より。純粋でまじりけのないこと。

(44) くびったけ　「首丈」より。異性に惚れ込んで夢中になること。首丈は足から首までの高さ。湯水に首の高さまでつかるほど深く愛すること。

(45) 根っからの　「根からの」より。「根から」は、もと「木の根元から」。転じて、はじめからの、生まれつきの。

(46) みそっかす　「みそかす」より。みそかすは、味噌をこして残ったかす。転じて、遊び仲間に入れてもらえない子。

(47) れっきとした　「歴とした(歴然とした)」より。紛れもなく明白な。

音韻的には音の追加は音の強化といえますが、意味的にも強調されます。「おしゃれ」が「おっしゃれー」になると、促音と長音の二拍が増えて、かなり強調されていますね。

4.4 有声音化

有声音化は、日本語表記では濁点が加わる変化ですが、音韻的には、/kuti/ から /guti/ への変化、つまり /k/（－有声）が /g/（＋有声）になる変化です。

(48) あぶれる 「あふれる」より。あふれる水のように、使い物にならず社会のあまり者になって、仕事がなくなってしまうこと。

(49) かんぐる 「かんくる」より。「勘繰（く）る」は「勘であれこれ邪推すること」。いろいろ気を回して悪く推測すること。

(50) ぐち 「くち（口）」より。言っても仕方のないことば。「ぐちをこぼす」。

(51) ごく（穀）つぶし 「こくつぶし」より。穀はご飯。ご飯は一人前に食べるが、何も働かずぶらぶらしている人。

(52) ざま 「さま（様）」より。人のようす・かっこうをあざけっていうことば。

(53) どじ 「とちる」より。「とちる」はへまをすること。まぬけな失敗。

これも、音の追加とおなじく、音が変化して意味も変化します。みんな悪い意味になっていますね。有声音は無声音に比べて、響きが悪いからです。

5. 意味の変化

意味の変化には換喩的変化と比喩的変化があります。

5.1 換喩的変化

換喩的変化とは、ある語が、その語と何らかの関係のある別の語を指すようになる変化です。ここでは、人を指すようになった語だけを挙げます（以下のリストで「A ＞ B」はAからBへの変化を示します）。

① 部屋や建物が人を指すようになった語

(54) 御曹司 宮中にある役人の部屋＞その部屋にいる身分の高い人＞名門の子息

(55) 女房 宮中に仕える女官の部屋＞女官＞妻

(56) 下戸(げこ)　下々(しもじも)の家＞酒の飲めない人　貧乏で酒を買う金がないことから。
(57) 上戸(じょうご)　裕福な家＞酒の飲める人　裕福でたくさんの酒を供えていることから。
(58) 大御所　将軍、大臣家の隠居所＞隠居した人（徳川家康）＞その社会で勢力を持つ人

② 機能によって人と結びついた語
(59) 用心棒　身を守るために備えておく棒＞護衛のために雇っておく者　棒の機能より。
(60) さくら　桜の花＞客を装って他の客の購買心をそそる人

最後の「さくら」は日本の国花で、花見の時期にはみんなが見に来て注目されるものです。客に高いものを買わせるために売り手と組んだ「さくら」も、客に注目されるという機能でつながっています。

5.2　比喩的変化

比喩(ひゆ)的変化とは、ある語が、その語とイメージ的に似た内容を指すようになる変化です。人のからだの部分を使った語だけを挙げます。
(61) 手を焼く　手をやけどする＞取り扱いに困る
(62) つまはじき　人差し指の先を親指ではじく動作＞軽蔑・非難・排斥すること
(63) 肩入れ　神輿をかつぐ手伝いをする＞味方する
(64) 足を洗う　足を水で洗う＞悪い仲間とのつきあいをやめる
(65) 首を切る　打ち首にする＞解雇する

それぞれ、文字通りの具体的、物理的意味から、抽象的、事柄的意味に変化しています。

6.　文法の変化

動詞と形容詞の活用の種類の変化を挙げます。

6.1 動詞の活用の種類の変化

奈良時代には動詞の活用の種類は9種類ありましたが、現代では5種類に減っています。その変化を以下にたどってみましょう（沖森1989年84ページ、「カ変」はカ行変格活用、「サ変」はサ行変格活用、「ナ変」はナ行変格活用、「ラ変」はラ行変格活用です）。

表2　動詞の活用の種類の変化

奈良	平安	鎌倉・室町	江戸	現代
四段（読む）	────────	────────	四段	→ 五段
上一段（見る）	────────	────────	────────	→ 上一段
上二段（落つ）	────────	上二段	上一段	→ 上一段
	下一段（蹴る）	下一段	四段	→ 五段
下二段（告ぐ）	────────	────────	下一段	→ 下一段
カ変（来）	────────	────────	────────	→ カ変
サ変（す）	────────	────────	────────	→ サ変
ナ変（死ぬ）	────────	ナ変	四段	→ 五段
ラ変（あり）	────────	ラ変	四段	→ 五段

これらの変化のうち、江戸時代の四段から現代の五段への変化は、次のように、「書かむ」が「書こう」に音韻変化した結果で、本質的な変化ではありません。

表3　四段活用から五段活用へ

	未然形	連用形	終止形	連体形	已然形	命令形	
江戸時代	**書か**	書き	書く	書く	書け	書け	かきくけの四段活用
	未然形	連用形	終止形	連体形	仮定形	命令形	
現代	**書こ**	書き	書く	書く	書け	書け	かきくけこの五段活用

一方、表2で、二つの大きな傾向は、四段（五段）動詞に近づいていく傾向と、一段動詞に近づいていく傾向です。四段化は、江戸時代に、下一段だった「蹴る」と、ナ変・ラ変だった「死ぬ」「あり」に起こります。一段化は、

江戸時代に、上二段だった「落つ」などと、下二段だった「受く」などに起こり、それぞれ上一段、下一段になっています。この四段化・一段化の傾向は、より一般的な形に近づこうとする**類推**の傾向を示すものです。

一段化の具体例として「落つ」を挙げましょう（活用語尾のみを挙げます）。

表4　上二段活用から上一段活用へ

	未然形	連用形	終止形	連体形	已然形	命令形
奈良時代	ち	ち	つ	つる	つれ	ちよ
①室町時代	ち	ち	つる	つる	つれ	ちよ
②江戸時代	ち	ち	ちる	ちる	ちれ	ちよ

まず、①室町時代に連体形による終止法が確立し、続いて②江戸時代に終止形「つる」が「ちる」に一段化し、現代の上一段活用ができました。この上一段化は、上二段活用よりもより一般的な、「見る」のような上一段活用動詞への類推としてできたものです。

表5　「見る」の活用

動詞	未然形	連用形	終止形	連体形	已然形	命令形
見る	み	み	みる	みる	みれ	みよ

6.2　形容詞の活用の種類の変化

奈良時代の形容詞にはク活用とシク活用の二種類がありました。

①奈良時代	形容詞	語幹	未然形	連用形	終止形	連体形	已然形
ク活用	高し	高	く	く	し	き	けれ
シク活用	美し	美	しく	しく	し	しき	しけれ

シク活用の「美し」も語幹を「美し」までにすると「く・く・し・き・けれ」のク活用と同じになるのですが、そうすると終止形がなくなってしまいます。

| ク活用 | 美し | 美 | しく | く | ○ | き | けれ |

そこで、仕方なく語幹を「美（うつく）」にしてシク活用を設けたわけです。

室町時代になると、動詞と同じく形容詞にも、連体形による終止法が確立し、シク活用の「美し」は終止形・連体形ともに「美しき」になります。

②室町時代　形容詞　語幹　未然形　連用形　終止形　連体形　已然形
　　　　　　美し　　美　　し　　　しく　　しき　　しき　　しけれ

この結果、「し」を語幹に持ってきても終止形に「き」が残るようになります。

　　　　　　形容詞　語幹　未然形　連用形　終止形　連体形　已然形
　　　　　　美し　　美し　　　　　く　　　き　　　き　　　けれ

これは、次の室町時代のク活用の「高し」と同じ活用です。

　　　　　　形容詞　語幹　未然形　連用形　終止形　連体形　已然形
　　　　　　高し　　高　　　　　　く　　　き　　　き　　　けれ

このようにしてすべての形容詞はク活用のみになり、ク活用・シク活用の区別がなくなりました。

江戸時代には、終止形・連体形の活用語尾「き」はイ音便化して「い」になり、現代の活用になりました。

③江戸時代　形容詞　語幹　未然形　連用形　終止形　連体形　已然形
　　　　　　高し　　高　　　　　　く　　　い　　　い　　　けれ
　　　　　　美し　　美し　　　　　く　　　い　　　い　　　けれ

室町時代に起こった連体形による終止法の確立が、動詞、形容詞の活用体系を変えたのです。

7. おわりに

　以上、ことばの変化に注目して日本語を見てきました。しかし一方で、今も昔も変わらない語もたくさんあります。その中には、私たちが日常生活を営む上で必要な語彙である**基礎語彙**があります。基礎語彙には、私たちの体の部分を表すことば(目、鼻、口、足など)、自然を表すことば(山、川、雨、雪など)、数字、親族名称(兄、姉、父、母など)、基本的動作を表すことば(歩く、走る、話す、聞くなど)、基本的状態を表すことば(ある、いるなど)があります。インターネットの普及で、ことばも生まれたり廃れたり、激しく変化していますが、一方で泰然自若として生きている語もあります。昔からあることばも大切にしたいものです。

第 10 章のキーワード

和語　漢語　外来語　混種語　語彙化　混成　混交　切り取り　合成　派生　転換　脱発話化　音便化　イ音便化　ウ音便化　促音便化　撥音便化　音の減少　音の追加　有声音化　換喩的変化　比喩的変化　類推　基礎語彙

参考文献

『語源のたのしみ1～5』　岩淵悦太郎　1975-77年　毎日新聞社
　　「3 語彙化」「4 音の変化」「5 意味の変化」の種種の語を引用。
『日本語史』　沖森卓也　1989年　おうふう
　　「表2 動詞の活用の種類の変化」は「文法史」84ページの表を引用。
宮島達夫『ことばの研究第3集』(国立国語研究所論集3)　1973年　秀英出版「現代語いの形成」
　　「表1 現代語彙高頻度上位1000語の語種別出現数」を引用。
森岡健二「訳語の方法」『言語生活』1959年12月号
　　「(2) 明治初期の翻訳漢語」を引用。
『国語学研究法』　北原保雄・徳川宗賢・野村雅昭・前田富祺・山口佳紀　1978年　武蔵野書院
　　「練習問題4」を引用。

推薦図書

明治初期の翻訳漢語についてもっと知りたい人に
　　⇒『近代漢語の研究―日本語の造語法・訳語法』　高野繁男　2004年　明治書院
ことばの語源についてもっと知りたい人に
　　⇒(クイズ形式で)『語源のたのしみ1～5』　岩淵悦太郎　1975-77年　毎日新聞社
　　⇒(辞書として)『暮らしのことば語源辞典』　山口佳紀編　1998年　講談社
　　⇒(やまとことば)『ひらがなでよめばわかる日本語のふしぎ』　中西進　2003年　小学館
ことばの比喩的変化についてもっと知りたい人に
　　⇒『形式語の研究』　日野資成　2001年　九州大学出版会
英語の語彙化について知りたい人に
　　⇒『語彙化と言語変化』L.J.ブリントン・E.C.トラウゴット　日野資成訳　2009年　九州大学出版会

練習問題

1　次の①から⑫の語を出自によって分けると「ア 和語」「イ 漢語」「ウ 外来語」「エ 混種語」のどれになりますか。それぞれアからエの記号で答えなさい。

①エッフェル塔　②哲学　③ランドセル　④川　⑤歩く
⑥テレビ　⑦演説　⑧巻きタバコ　⑨長所　⑩イメージ
⑪身分　⑫花

2　混成による次の①から③の語を例にならって公式化しましょう。
（例）こそどろ＝こそこそ＋どろぼう
①懐メロ　②鴨ねぎ　③どたキャン　④プロレス

3　混交による次の①から③の語を例にならって公式化し、その意味を書きましょう。
（例）舌きりすずめ
　　　＋　　　＝着たきりすずめ（今着ている衣服だけで、他に着替えのないこと）
　　着たきり
①ザラリーマン　②こたつむり　③別人28号

4　次の図は平安時代から現代までの動詞の活用の種類の変化を示します。平安時代には九つあったのが現代では五つになりました。平安時代のどの活用が現代のどの活用になったのでしょうか。表2を参考にして、対応する活用の種類同士を線で結びなさい。

平安時代	現代
四段活用	五段活用
上一段活用	上一段活用
上二段活用	
下一段活用	
下二段活用	下一段活用
カ行変格活用	カ行変格活用
サ行変格活用	サ行変格活用
ナ行変格活用	
ラ行変格活用	

第 11 章　社会言語学

1.　はじめに　社会言語学とは何か

　私は、1歳から4歳まで青森県弘前市に住んでいました。そこでは、近所の子供と遊びながら津軽弁をしゃべっていました。その後東京に引っ越して、津軽弁はすっかり忘れてしまいましたが、今でも津軽弁を聞くと、懐かしい思いがします。

　この津軽弁のように、語彙、音声、文法などに独特な体系を持った地域のことばを**方言**（dialect）といいます。同じ方言を話す人たちは、方言という言語共同体をみんなで営んでいます。言語共同体は、人間が集まって生活を営む社会ですから、方言は社会を反映することばのひとつです。

　社会を反映することばには、方言以外にどんなものがあるでしょう。ジャーゴン（専門用語）、スラング（隠語）、ジェンダー語（男性語、女性語）、さらに新語（流行語）もその時々の社会を反映します。この章では、社会の中の言語に注目し、社会と言語の関係を研究する**社会言語学**（Sociolinguistics）を紹介します。まず、地域の特性を豊かに表す方言を取り上げ、次に社会階級を反映する社会標識と、ジャーゴン・スラング・ジェンダー語の例を紹介し、最後に、新語・流行語大賞、サラリーマン川柳（サラ川）と創作四字熟語についても触れます。

2.　方言

　青森では毎年、「津軽弁の日」と題して、津軽弁による短歌や詩のコンクー

ルが開かれています。最初に、2007年度「津軽弁の日」コンクールに入賞した短歌を紹介します。

（1） 嫁さ来て　しゅどさつかえで　嫁もらて　嫁さつかえで　終わるのだべか

（2） 暇なしだぇ　かっちゃパートでじぇんこ稼ぎ　とっちゃ散歩で時間ば稼ぐ

「しゅど」は「しゅうと（姑）」、「つかえで」は「つかえて（仕えて）」です。このほか、「雪」が「ゆぎ」になるなど、濁音化が津軽弁の音の特徴です。また、「じぇんこ」は「ぜに（銭）」に「こ」がついた形で、「こ」は愛称を表します。ほかにも、「うさぎ」が「うさぎこ」、「ドア」が「ドアっこ」になったりします。その他、メゴイ（「かわいい」）、ワラシ（「子供」）、ベゴ（「牛」）などのことばを聞くと、弘前でソリ遊びをしたことなどが思い出されます。では、日本の方言を勉強することにしましょう。

2.1　方言の区画

　日本の方言は、発音やアクセント、文法、語彙の違いによって、表1のように区画することができます（東条操1953による）。

表1　日本の方言区画

```
                  ┌─ 東部方言
         ┌ 本土方言 ┼─ 西部方言
日本の方言 ┤        └─ 九州方言
         └ 琉球方言
```

これを地図で示しましょう。

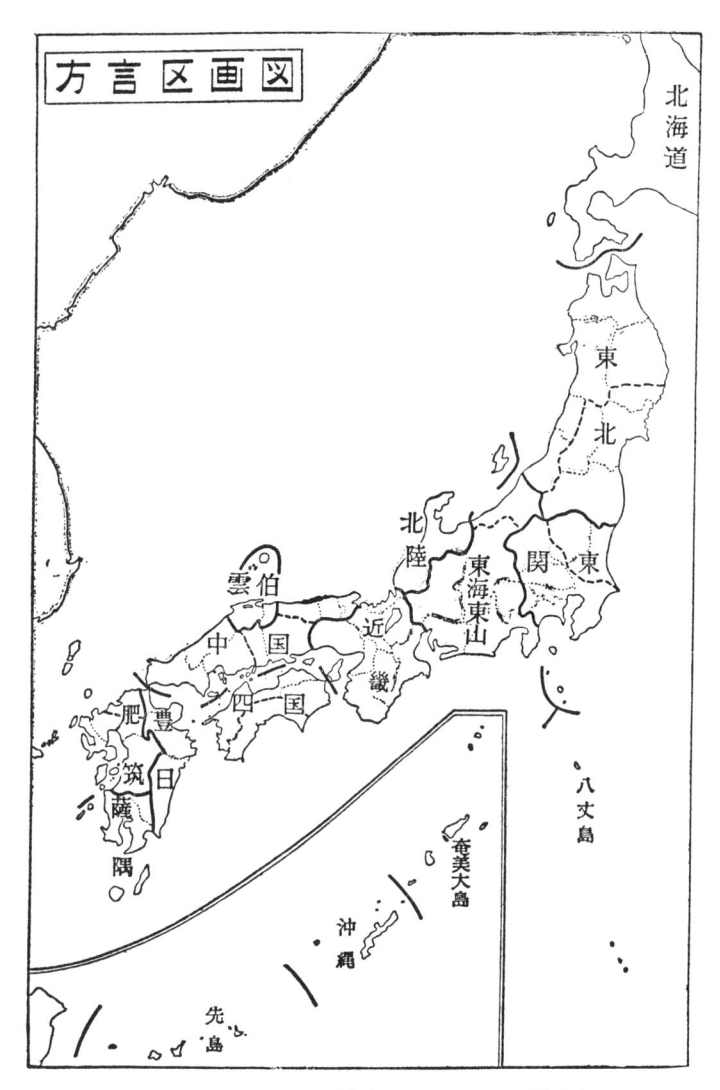

図1　日本の方言区画(東条 1953: 33 ページより)

日本の方言は、まず**本土方言**と**琉球方言**に分かれます。本土方言はさらに、**東部方言・西部方言・九州方言**に分かれます。東部方言は北海道・東北・関東・東海東山・八丈島を含み、西部方言は北陸・近畿・中国・雲伯・四国を含み、九州方言は豊日・肥筑・薩隅を含みます。琉球方言は奄美大島・沖縄・先島を含み

ます。東部方言と西部方言は、次のようなはっきりした文法の違いがあります。

（３）　東部方言と西部方言の文法対照

文法事項	西日本	東日本
一段動詞命令形	起きよ、起きい	起きろ
五段動詞ウ音便	買うた	買った
形容詞連用形	白う（なる）	白く（なる）
断定の助動詞	じゃ	だ
動詞否定形	行かん、行かぬ	行かない

語彙でも、東日本の「いる」に対し、西日本は「おる」という対立があります。ですから、そのテ形は「～ている」、「～ておる」となりますが、これらはそれぞれ、「～てる」「～とる」と省略されます。たとえば東部では「何してるの？」、西部では「何しとるの（ん）？」となります。「～ている」が「～てる」になるのは、/teiru/ の /i/ が落ちた結果で (/teru/)、「～ておる」が「～とる」になるのは、/teoru/ の /e/ が落ちた結果 (/toru/) です。

東部方言と西部方言の境目については、学者により差がありますが、(3) の五つの文法事項による境目は図2のようになります。

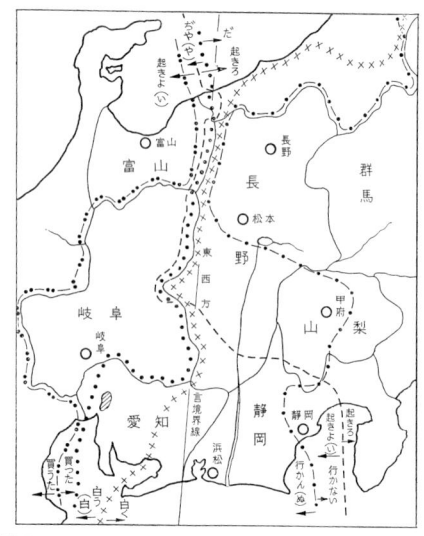

図2　語法から見た東西方言境界線（牛山 1969: 13 ページより）

五つの文法事項のうちの形容詞連用形では、東日本の「白く /siroku/ なる」の /k/ が落ちて西日本の「白う /sirou/ なる」になりました。この音韻変化によって西と東の差異が現れたわけで、この音韻変化は方言が生まれる**言語内的要因**といえます。一方、図2では、東西の境界線に日本アルプスが走っています。この山脈を隔てて東と西で異なる方言になっているわけで、これは方言が生まれる**言語外的要因**といえます。このように方言は、東と西、九州と東北など、他との比較対照において成り立つので、相対的性格を持っています。

2.2 方言の意識変化

　一昔前は、方言といえば、田舎の人が話すことばで、標準語に比べて劣る語という意味あいがありました。しかし、**標準語**（standard language）ということばは、東京の山の手ことばを標準語とすべきであるという明治政府の政策にもとづいてできた語です。最近は、他よりも優れているという価値判断を伴う標準語ということばよりも、中立的な共通語ということばが使われるようになりました。**共通語**（common language）とは、異なる方言同士の人が共通に持っていて、互いに意思疎通できる語です。たとえば、福岡方言を話す人と神奈川方言を話す人が話をして通じ合えるのは、二人とも共通語で話しているからです。私たちは無意識のうちに方言から共通語へコードスイッチをしているわけで、方言のバイリンガルといえるかもしれませんね。

　地方の方言の中には、たとえば沖縄語のように、**はえぬきの人**（その土地に生まれ育って、他の土地に移り住んだことのない人。方言研究には最適の人）が次第に少なくなり、このままでいくとなくなってしまうかもしれないものがあります。そこで、その方言の話者の話をテープに取ったり、ビデオに撮ったりする作業が進められています。しかし一方で、最近は、都会や地方の若い世代の人たちが、それまでその土地にあった方言とは異なる新しい方言を生み出しています。これを**新方言**（new dialect）といいます。新方言には、次のような例があります。

（4） 日本全国の新方言の例

新方言	地域	意味
アクシャウツ	熊本県	あきれる。困り果てる
ウザイ	東京都多摩区	わずらわしい。ウザッタイが縮まった形
オモシクナイ	北海道	面白くない
チガカッタ	東京都	「違う」の過去形。違っていた
ナイッケ	静岡県	なかった

これらの新方言は、ことばの乱れだという人もいます。たとえば、ウザイは、響きも意味も悪い、オモシクナイはオモシロクナイのロを省略してしまっている、チガカッタは動詞の過去形「違った」を形容詞の過去形「カッタ」と混同して使っているなどという批判があります。しかし、アクシャウツやウザイは新しい語を作り出すという点で創造的、オモシクナイは少ないエネルギーで済むという点で経済的、チガカッタは形容詞過去形を使って違っている状態を表し、完了のチガッタと区別できる点で表現的です。

ここで、これまで研究されてきた方言と新方言の違いをまとめましょう。

（5） これまでの方言と新方言の違い

	話す人	場所	今後
これまでの方言	お年寄り	地方	なくなっていく
新方言	若い人	都会や地方	生まれてくる

方言を地域の町おこし、観光の活性化として積極的に使おうという人も増えてきました。次は、方言が観光客を呼ぶために使われている例です。

（6） 観光に使われる方言の例

方言	地域	意味
行ってみらんね	宮崎	行ってみてはどうですか
九州さるく	九州	さるく：あちこち歩き回る
じょんのびの里	新潟県刈羽郡高柳町	芯から気持ちのいい里
飲んでいきんしゃい	博多の料飲店	飲んでいってください
メンソーレ沖縄	沖縄	ようこそ、沖縄へ

それぞれ独特の響きがありますね。このほかにも、方言で話すバスガイド、方言で演ずる芝居など、お国ことばを使って地方の特色を豊かに表す例も増えています。

2.3 アメリカの方言

英語にも、**アフリカ系アメリカ人地方英語**(African American Vernacular English、AAVE と略します)(ブラックイングリッシュ(Black English)ともいいます)という方言があります。その特徴を挙げます。

① まず、音が省略されます。たとえば、left hand が lef han に、iced tea が ice tea に、I passed the test が I pass the tes になります。また、think が tink に、that が dat になります。

② 次に、形態が省略されます。たとえば、John's friend が John friend になるように、所有格の -s がなくなったり、she loves him が she love him になるように、三人称単数現在の -s がなくなります。

③ さらに、文法の特徴としては、まず、He don't know nothing(彼は何も知らない)や I ain't afraid of no ghosts(私は幽霊を恐れない)のように、二重否定文で、しかも主語との呼応がありません。また、You crazy(おまえはきちがいだ)、She workin now(彼女は今働いています)のように、be 動詞が省略されることがあります。

AAVE は、①、② のように音や形態が省略されたり、③ のように文法的でないので、不注意でだらしのないことばだとよく言われます。しかし、はたしてそうでしょうか。AAVE と**アメリカ標準英語**(American Standard English、ASE と略します)を対照させた例を見てください。

(7) AAVE と ASE の対照

AAVE	ASE
They crazy.	They're crazy.
She happy.	She's happy.
If you bad,	If you're bad,
Yes, I am.	Yes, I am.　(← Are you happy? と聞かれて)
*Yes, I.	*Yes, I'm.　* = 非文法的

AAVE の be 動詞省略文は、ASE の be 動詞縮約形（アポストロフィーで表される）に対応しています。つまり、ASE で縮約形が可能な場合のみ、AAVE でも be 動詞が省略されるわけです。逆に、ASE で縮約形が不可能な場合（たとえば Are you happy? の答えは Yes, I am で *Yes I'm にはなりません）、AAVE でも be 動詞省略は不可能です（*Yes, I）。AAVE と ASE が同じ文法にしたがっていることがわかりましたね。

AAVE には、もうひとつ次のような区別があります。

（8）a　She workin now.（彼女は今、働いているところです）（現在進行）
　　　b　She be workin downtown now.（彼女は今、町で毎日働いています）（現在の習慣）

be 動詞がない a は現在進行中のできごとを、be 動詞のある b は現在の習慣を表します。ASE にはない便利なアスペクトの区別ですね。日本でも、山口県や九州の方言で、次のようなアスペクトの区別があります。

（9）a　雨が降りよる（進行形、今眼前で雨が降っている）
　　　b　雨が降っちょる（現在完了形、雨がしばらく前から今まで降っている）

標準語の「雨が降っている」（進行形）ではできない区別ができます。

3.　社会階級とことば

社会的な階級や地位によってもことばは変わります。ここでは、社会標識・ジャーゴンとスラング・ジェンダー語を取り上げます。

3.1　社会標識

ここでは、英語の例を挙げます。ラボブ（1966）は、ニューヨークの三つのデパート（①サックスフィフスアベニュー：高級ブランドの店（上級中流階級用）、②メイシーズ：中級ブランドの店（下級中流階級用）、③クラインズ：最も安い店（労働階級用）で働く店員による、fourth floor（4階）という句の母音のあとの二つの /r/（巻き舌）の発音を調べました（たとえば、Where are the women's shoes?（女性の靴は何階ですか）などと聞いて、fourth floor と

いう答えを導き出しました）。

(10) 母音のあとの巻き舌の発音の割合

社会階級	ニューヨーク
上級中流階級	32%
下級中流階級	20%
上級労働階級	12%
下級労働階級	0%

階級が高くなればなるほど巻き舌の発音の割合が多くなっています。これは、巻き舌が、特定の社会集団（この場合は上流階級）の一員であることを示す**社会標識**（social marker）として機能していることを示します。

ラボブはさらに、三つのデパートで働く店員に対して、わざと聞き返したり、読ませたりして、fourth floor のより注意深い発音（正式の発音）をさせました。その結果、下級中流階級の人たちの巻き舌の発音は増加しましたが、下級労働階級の人たちは、ほとんどが巻き舌を伴わない発音のままでした。巻き舌はニューヨークでは上流階級の社会標識ですから、この結果は、下級中流階級の人たちの上流階級志向を表します。また、下級労働階級の人たちにとっては、巻き舌を伴わない発音が社会標識になっています。

日本語では、平板型アクセントによるカレシ（彼氏）、サーファーなどの新方言が若者集団の一員であることを示す社会標識といえます。

3.2 ジャーゴンとスラング

ジャーゴン（jargon）とは、**専門用語**のことで、社会的地位が確立している職業集団によって使われることばです。一方**スラング**（slang）とは、**隠語**のことで、社会的地位が確立していない若者や特定集団によって使われることばで、日常語を言い換えたくだけたことばです。どちらも、集団内で通じ合うことばですが、スラングの方は外部の人を排斥するような機能を持っています。

(11) ジャーゴン（専門用語）

　　a　ホテル業の業界用語

　　　　ノーショウ　予約している客がキャンセル通知もなく現れないこ

　　　　　　と。
　　　スキッパー　チェックアウトの精算をせずに行方不明になる客。
　　　UG　　　　Undesirable Guest　好ましくない客。特に支払いが滞る宿泊客。
　b　航空業界の用語
　　　コパイ　　　飛行機副操縦士。
　　　ダイバート　飛行機が目的の空港とは別の空港に着陸すること。
　　　フラッグキャリアー　その国を代表する航空会社。
　　　バシネット　飛行機内備え付けのベビーベッド。
　　　ペックス　　航空券の種類の一つ。航空会社直売の正規割引航空券。

aはみな、ホテル側にとって好ましくない客のことをいっていて、ホテルのスタッフ同士で通じ合うことばです。bは航空業界特有の横文字の専門用語です。

（12）　スラング（隠語）
　　　ドヤ　　　宿（やど）を反対に読んだもの。
　　　ショバ　　場所（ばしょ）を反対に読んだもの。
　　　サツ　　　警察（けいさつ）の一部を省略したもの。
　　　ヤク　　　麻薬（まやく）の一部を省略したもの。
　　　ガンをつける　眼（め）を音読みしたもの。相手をじっと見つめる。
　　　ブツ　　　物（もの）を音読みしたもの。品物（金品など）。
　　　シャリ　　梵語「舎利」の音を借用したもの。米、ご飯。
　　　イカサマ　古語「如何様」を借用したもの。いんちき。

特定集団で使われることばですが、「シャリ」などは、一般的にも使われるようになりました。最近は、「ヤバイ」が若者語で「おいしい」の意味でも使われるようになりました。

3.3　ジェンダー語

　ジェンダー（gender）には以下の三種類があります。
　（13）　ジェンダーの種類

①生物的ジェンダー（biological gender）: male（男性）と female（女性）
　②文法的ジェンダー（grammatical gender）: masculine（男性）と feminine（女性）
　③社会的ジェンダー（social gender）: men（男性）、women（女性）の社会的役割による区別

ジェンダー語（gendered words）とは、この三つのうち社会的ジェンダー、つまり男性、女性の社会的役割による区別を反映した語のことをいいます。ジェンダー語には男性語と女性語があります。男性語とは男性が使うことば、女性語とは女性が使うことばです。日本語では、次のような区別があります。

(14) a　ぼくは社会言語学が大好きだな。楽しいからさ。
　　　 b　わたしは社会言語学が大好きだわ。楽しいからよ。

a の「ぼく」、助詞の「な」「さ」は男性語、b の「わたし」、助詞の「わ」「よ」は女性語です。エチオピアのシダモ語では、「牛乳」のことを男性は ado、女性は gurda といいます。また、ポルトガル語では、「ありがとう」を男性は obrigado、女性は obrigada といいます。これらの区別は、男性と女性の役割がはっきりしている社会を反映しています。

　英語では、女性の方が男性よりも、上流階級のことばを使う傾向にあるというデータが出ています。下級中流階級の男女に、二重否定構文 I don't want nothing を使うかどうかというアンケートをとったところ、男性は 32% が使う、女性は 1% だけが使うと答えたそうです。日本語でも、女性の方が男性よりも丁寧なことば使いをする傾向にあるようです。

4. その他、社会を反映することば

　最近は、マスコミやインターネットによって、社会を反映することばがさらに増えています。ここでは、新語・流行語大賞、サラリーマン川柳（サラ川）と創作四字熟語を取り上げます。

4.1　新語・流行語大賞

　新語・流行語大賞は、『現代用語の基礎知識』の読者へのアンケートにも

とづいて、1984年から選定されるようになりました。2000年から2015年までの入賞作品をいくつか挙げます。

　（15）　新語・流行語大賞

　　　2000年大賞「IT革命」、入賞「Qちゃん」

　　　2001年大賞「小泉語録」、入賞「e-ポリティクス」「狂牛病」

　　　2002年大賞「タマちゃん」「W杯（中津江村）」、入賞「ダブル受賞」

　　　2003年大賞「マニフェスト」、入賞「SARS」

　　　2004年大賞「チョー気持ちいい」、入賞「セカチュー」「冬ソナ」「韓流」

　　　2005年大賞「小泉劇場」、入賞「クールビズ」「ブログ」

　　　2006年大賞「イナバウアー」、入賞「メタボリックシンドローム（メタボ）」

　　　2007年大賞「（宮崎を）どげんかせんといかん」、入賞「猛暑日」

　　　2008年大賞「アラフォー」、入賞「上野の413球」「ゲリラ豪雨」

　　　2009年大賞「政権交代」、入賞「新型インフルエンザ」「草食男子」

　　　2010年大賞「ゲゲゲの」、入賞「イクメン」「AKB48」「女子会」

　　　2011年大賞「なでしこジャパン」、入賞「絆」「帰宅難民」「3.11」

　　　2012年大賞「ワイルドだろぉ」、入賞「iPS細胞」「LCC」「終活」

　　　2013年大賞「今でしょ」、入賞「アベノミクス」「ご当地キャラ」「PM2.5」

　　　2014年大賞「ダメよ〜ダメダメ」、入賞「マタハラ」「レジェンド」

　　　2015年大賞「爆買い」、入賞「一億総活躍社会」「五郎丸（ポーズ）」

流行語には省略語、殊に「二拍＋二拍」の混成（176ページ参照）の形が多くあります（「セカチュー」「冬ソナ」「アラフォー」「イクメン」など）。「IT革命」（2000年）、「e-ポリティクス」（2001年）、「ブログ」（2005年）などは、コンピュータの普及を反映し、「マタハラ」（2014年）は社会問題を、「マニフェスト」（2003年）、「小泉劇場」（2005年）、「政権交代」（2009年）、「アベノミクス」（2013年）、「一億総活躍社会」（2015年）は政治を反映しています。時を得て流行した「韓流」（2004年）、「ご当地キャラ」（2013年）などは人気でしたが、「狂牛病」（2001年）、「SARS」（2003年）、「新型インフルエンザ」（2009年）など悪い流行もありました。自然災害も「猛暑日」（2007年）、「ゲリラ豪雨」（2008年）と続き、2011年入賞の「絆」「帰宅難民」「3.11」はすべて東日本大震災関係です。一方、明るい話題としては、「ダブル受賞」（2002年）

の小柴昌俊、田中耕一、「iPS 細胞」(2012 年)の山中伸弥のノーベル賞受賞があります。女子スポーツ選手も活躍し、「Q ちゃん」こと高橋尚子も 2000 年シドニー五輪女子マラソン金メダル、「イナバウアー」の荒川静香は 2006 年トリノ五輪フィギアスケート金メダル、「上野の 413 球」の上野由岐子は 2008 年北京五輪女子ソフトボール金メダル、「なでしこジャパン」も 2011 年女子ワールドカップサッカー大会で優勝しました。男子では「レジェンド」(2014 年)こと葛西紀明がスキージャンプで最年長入賞記録を更新し続け、「五郎丸(ポーズ)」(2015 年)の五郎丸歩もラグビーワールドカップで大活躍しました。ノーベル賞、スポーツともに、これらの新語・流行語は、世界の檜舞台で活躍する日本人が日本社会で認められていることを示しています。

4.2 サラリーマン川柳

サラリーマン川柳コンクールは、1987 年から第一生命主催で始まりました。2005 年から 2014 年までの中からいくつかを紹介します。

(16) サラリーマン川柳
①痩せるツボ　脂肪が邪魔して　探せない(2005 年)
②気をつけよう　夜廻り火廻り　腹廻り(2010 年)

メタボの親父の姿がよく出ていますね。

③能あるが　隠しっぱなしで　もう定年(2008 年)
④凝ってない　私の肩を　なぜ叩く(2009 年)
⑤俺の部下　いつの間にやら　俺が部下(2013 年)

団塊の世代の定年の悲哀ですね。部下からも容赦ない批判が飛びます。

⑥管理職　必殺技は　丸投げだ(2009 年)
⑦「昔はなぁ…」　今が見えない　我が上司(2011 年)
⑧言ったよね　聞いてないです　そんな指示(2012 年)

妻からもないがしろにされます。

⑨こどもでも　店長なのにと　妻嘆く(2009 年)
⑩断捨離で　オレのものだけ　姿消す(2010 年)

文明の利器にも見離されます。

⑪スマートフォン　妻と同じで　操れず(2011 年)

⑫「辞めてやる」　会社にいいね！と　返される（2012 年）
⑬軽く押せ　指がスマホに　叱られる（2014 年）

⑪と⑬はスマホ、⑫は facebook を反映した傑作です。

4.3　創作四字熟語

創作四字熟語コンクールは、2004 年から住友生命主催で始まりました。各年の優秀作品を一つずつ挙げます。

（17）　創作四字熟語優秀作品

2004 年	台風常陸（←台風上陸）	上陸回数の多かったこと
2005 年	薄衣多売（←薄利多売）	クールビズで夏物衣服売れまくる
2006 年	再就団塊（←最終段階）	大量定年を前に再就職探し最終段階
2007 年	産声多数（←賛成多数）	出生率、6 年ぶりに上昇
2008 年	株式逃資（←株式投資）	世界株安。株式投資資金逃げてゆく
2009 年	遠奔千走（←東奔西走）	土日休日高速料金遠くに走って千円
2010 年	全人見塔（←前人未到）	都内各所スカイツリーを見上げる姿
2011 年	天威無法（←天衣無縫）	大震災大津波。天の威力になす術(すべ)なし
2012 年	共存競泳（←共存共栄）	ロンドン五輪日本競泳。円陣組み団結
2013 年	景色朦朧（←意識朦朧）	黄砂と PM2.5。街はかすんでしまった
2014 年	五八至十（←五八四十）	消費税 5%から 8%は 10%への通過点？
2015 年	責任十代（←責任重大）	選挙権 18 歳以上。十代も政治に責任

どれもそれぞれの年の社会的できごとや自然のできごとを反映した傑作です。カッコ内はもともとの四字熟語ですが、その中で、慣用的四字熟語は「薄利多売」「東奔西走」「前人未到」「天衣無縫」「共存共栄」で、その他は一般的熟語です。しかし、それをもとに創作されたものは立派な四字熟語ですね。

5.　おわりに

以上、その時、その場所の社会を反映することばの例をいくつか挙げましたが、社会を反映することばの例は、ここで取り上げた以外にもまだまだあります。たとえば、アメリカの英語には、sushi に加えてここ 10 年で tofu、 teriyaki、misomayo なども外来語として入りました。これは、アメリカ社会に日本の食文化が定着したことを表しています。日本語では、「つまらないものですが」とか「何もありませんが」などの挨拶ことばは、日本社会では謙譲の美徳が尊ばれることを表しています。また、「出る杭は打たれる」「能ある鷹は爪を隠す」などのことわざは、日本社会では目立ち過ぎはよくないという人生訓を表しています。さらに、明治時代の初期にできた翻訳漢語は、明治政府が西欧の文化を取り入れようとした政策を背景に、翻訳家たちの並々ならぬ努力の結果できたものです。ほかにどのような例があるでしょうか。皆さんも考えてみてください。

第 11 章のキーワード

方言　社会言語学　方言区画　本土方言　琉球方言　東部方言　西部方言　九州方言　言語内的要因　言語外的要因　標準語　共通語　はえぬきの人　新方言　アフリカ系アメリカ人地方英語　アメリカ標準英語　社会標識　ジャーゴン（専門用語）　スラング（隠語）　ジェンダー語

参考文献ならびにサイト

「津軽弁の日」入賞短歌　http://tsugaruben.jp/work/19th/tanka.html
方言の区画　東条操編『日本方言学』1953 年　吉川弘文館
　　　　　　牛山初男『東西方言の境界』1969 年　信教印刷
新方言の例　http://triaez.kaisei.org/~yari/Newdialect/nddic.txt
アメリカの方言、社会標識　ジェンダー語　Yule, George. *The study of Language.* Third Edition. 2006. Cambridge: Cambridge University Press. Chapter 19: Language and Social Variation より引用。「(7) AAVE と ASE の対照」は Pinker, Steven. 1995. *The Language Instinct: How the Mind Creates Language.* New York: Harper Perennial の 29–30 ページを参考にした。
ニューヨークのデパートの調査は Labov, William. 1966. *The Social Stratification of English in New York City.* The Center for Applied Linguistics より引用。
ホテル業の業界用語　http://www.netwave.or.jp/?hotelman/yougo.htm
航空業界の用語　http://dictionary.tabig.com/a/01air/index.html
隠語　http://www.web-sanin.co.jp/gov/boutsui/mini24.htm
新語・流行語大賞　http://singo.jiyu.co.jp/index.html
サラリーマン川柳　http://event.dai-ichi-life.co.jp/senryu/17_bt10_l.html
創作四字熟語　http://cam.sumitomolife.co.jp/jukugo/2004/yusyu.html

練習問題1の東日本方言、西日本方言（近畿方言、筑前方言）の項目別語彙表は、『新しい国語学』187ページの表23を引用。

練習問題2の①から⑤の方言は『都道府県別全国方言小辞典』佐藤亮一編　2002年　三省堂より引用。

推薦図書ならびにサイト

現代日本社会を反映する漢字（毎年1文字）に興味のある人に
　　⇒漢検ホームページ：http://www.kanken.or.jp/event/index.html
　　　　（財団法人日本漢字能力検定協会主催「今年の漢字」）

方言一般に興味がある人に
　　⇒『日本の方言』　柴田武　1958年　岩波書店
　　⇒『日本の方言』　平山輝男　1968年　講談社

新方言に興味のある人に
　　⇒『方言の新地平』　井上史雄　1994年　明治書院
　　⇒『辞典　新しい日本語』　井上史雄・鑓水兼貴　2002年　東洋書林

方言を学問的に研究したい人に
　　⇒『ガイドブック方言研究』　小林隆・篠崎晃一編　2003年　ひつじ書房
　　⇒『日本の方言学』　日野資純　1986年　東京堂出版

アメリカの方言に興味がある人に
　　⇒ O'Grady et al. 2005. *Contemporary Linguistics*. Fifth Edition. Boston/ New York: Bedford/ St. Martins. Chapter 15: Language in Social Context.
　　⇒ Yule, George. *The study of Language*. Third Edition. 2006. Cambridge: Cambridge University Press. Chapter 18: Language and Regional Variation.

ことばとジェンダーに興味のある人に
　　⇒『コミュニケーションの諸相』　石丸暁子　1999年　九州大学出版会
　　⇒ Eckert, Penelope and Sally McConell-Ginet. 2003. *Language and Gender*. Cambridge: Cambridge University Press.

練習問題

1 下の表の「項目」は、三つに分類できます。それは何ですか。また、下の表では、まず東日本方言と西日本方言に大きく分かれ、次に西日本方言がさらに近畿方言と筑前方言に下位分類されています。この分類方法の理由を考えてみましょう。

項目	方言名(代表地点)	東日本方言(東京都)	近畿方言(京都市)	筑前方言(福岡市)
1	一音節語の長呼	ハー(葉)	ハー	ハ
2	母音のウ	唇を丸めずに [ɯ]	唇を丸めて少し奥で [u]	同 [u]
3	語中語尾のガ行音	[ŋ]	[ŋ]	[g]
4	母音の無声化	目立つ	目立たない	目立つ
5	ワ行五段活用動詞+タ、テ	カッタ カッテクル(買)	コータ コーテクル	コータ コーテクル
6	マ・バ行五段活用動詞+ダ	ノンダ(飲)	ノンダ	ノーダ
7	下二段活用動詞	ウケル(受)	ウケル	ウクル
8	一段・五段活用動詞	カリル カリテクル(借)	カル カッテクル	カル カッテクル
9	命令形語尾	ウケロ(受)	ウケー	ウケレ
10	形容詞	アマクナル アマイ(甘)	アモーナル アマイ	アモーナル アマカ
11	指定の助動詞	〜ダ	〜ヤ	〜ジャ
12	打消の助動詞	カカナイ カカネー(書)	カカン カカヘン	カカン
13	茄子	ナス	ナスビ	ナスビ
14	薬指	クスリユビ	ベニサシ	ベンサシ
15	居る	イル	オル	オル
16	塩辛い	ショッパイ	カライ	カラカ

2　次の①から⑤の文はすべて方言です。文中の傍線部の語はどういう意味ですか。それぞれ標準語訳の文脈から考えて答えなさい。

①うるさいのが帰ってごせっぽいわ。(静岡県)
　(うるさい人が帰って(　)よ。)

②ふぐろでぁけいぎわりいから、はごさいれでけさぇ。(宮城県)
　(袋では(　)が悪いから、箱に入れてください。)

③お日様ひでっぷしー。めーあがんねー。(千葉県)
　(太陽が(　)。目が開かないよ。)

④服のはせぐらいわがでんつけな。(香川県)
　(服の(　)ぐらい自分でつけなさい。)

⑤絵のうしろにほまちかくねておいた。(群馬県)
　(絵のうしろに(　)を隠しておいた。)

第12章　ことば遊び

1. はじめに

　現代人は、ひと昔前よりも生活のリズムが早くなり、それに伴ってゆとりも少なくなってきたとよくいわれます。しかし、テレビのコマーシャルで使われるキャッチコピーや若者が使ういわゆる若者ことばなど、ことばを使った遊びも以前よりも盛んになってきています。

　これは、現代人のゆとりが生んだ文化ともいえるでしょう。かつて、地震・雷・火事・親父といってこわがられてきたという親父たちも、いわゆる親父ギャグを使って、ことば遊びの仲間入りを果たしています。

　「自分勝手なふるまいをする人を my mother という」。これは私の考えた親父ギャグですが、その心は「我がママ」です。これは、英語（my mother）と古典文法（「我が」の「が」は連体修飾格で、「我が」は「私の」の意）の両方の知識が必要な、高等なしゃれといえます。このように知的なことば遊びは、実は古くから行われてきました。この章では、日本人が伝統的に培ってきたことば遊びの歴史をひも解いてみることにしましょう。

2. ことば遊び

　一口にことば遊びといってもさまざまな種類のものがあります。その中で、この章で取り上げるのは、いわゆるしゃれのもとになった掛詞、上から読んでも下から読んでも同じ回文、和歌に単語を折り込んで詠んだ折り句、早く言うと舌がもつれてつっかえてしまう早口ことば、子供時代にみんなが

遊んだ「しりとり」、同じく子供たちの遊ぶ「なぞなぞ」です。最後は、リズムで覚える記憶術でしめくくります。

2.1 掛詞（かけことば）

　掛詞は、同じ音に別の二つの意味を持たせることば遊びで、現代の「しゃれ」は掛詞から来ています。現代の「しゃれ」の例を挙げましょう。

　（1）　この木は実がいっぱい、きちんとついているね。（実なりがいい・
　　　　身なりがいい）

この例では、「実なり（実のなり具合）がいい」と、同じ音の「身なりがいい」を掛けています。

　「しゃれる」ということばは、平安時代の「ざれる」ということばからきています。「ざれる」の意味を古語辞典で見てみましょう。

　（2）「ざれる」の意味
　　　①ふざける　②気がきく、機転がきく
　　　③あだめいてくだけた感じがする　④風雅な趣がある

「ざれる」はもともと、①の「ふざける」という意味でしたが、やがて、②「機転がきく」、③「くだけている」、④「風雅だ」の意味でも使われるようになりました。②、③、④をまとめると、「しゃれ」とは、当意即妙で、場の雰囲気をなごませ、ゆとりのあることば遊びということができるでしょう。

　では、平安時代の和歌から、掛詞の例を挙げましょう。

　（3）　大江山　いく野の道の　遠ければ　まだふみもみず　天(あま)の橋立
　　　　　　　　　　　　　　　　　　　　　　　　　　　　（小式部内侍(こしきぶのないし)）

この歌は、詞書(ことばがき)（歌がどのようにしてできたかを説明した文）によれば、母の和泉式部(いずみしきぶ)が夫の任地丹後にいたときに、京都にいた作者小式部内侍が歌合せ（歌の優劣を競う会）の一人に選ばれたので、藤原定頼が作者に冗談で、「母君が不在で心細いですね。歌の相談のために使いを丹後にやりましたか、使いは帰ってきましたか」とからかったときに、作者が定頼の袖をおさえて詠んだ歌とされています。

　「いく」は「行く」と「生野(いくの)」を掛け、「ふみ」は「踏(ふ)み」と「文」を掛けています。ですから口語訳は、「大江山から途中生野をとおって

（丹後に）行く道のりがとても遠いので、まだ（丹後の名所の）天の橋立にも足を踏み入れていませんし、（母からの）文（手紙）も見てはいません」となります。掛詞を使って、定頼のからかいに巧みに応じた和歌です。小式部内侍は、この和歌で、母がいなくても歌合せで十分戦える証拠を示したといえるでしょう。

　江戸時代にも次のようなしゃれが出てきます。

（４）　あっぱれ、まるい水かな。すみきったの。（角切る・澄みきる）

（『醒酔笑（せいすいしょう）』1623年）

(4)は、同じ音「スミキル」に「角切る」と「澄みきる」を掛けたしゃれです。このしゃれは、まず次のような文が出発点になります。

（５）　あっぱれ、澄みきった水かな。

これは、澄みきった水をほめたたえる、単なる感嘆文です。ここで、「澄みきった水」から音が同じ「角（すみ）（を）切った水」を考えつくかどうかが、しゃれ作りのポイントになります。これを考えついた人は、しゃれた言語感覚の持ち主といえますね。あとは、「角を切った水」だから「まるい水」となるわけです。水ははさみで切れない、などということは考えないことにしましょう。これは、あくまでもことば遊びの世界です。

2.2　回文

　回文（かいぶん）とは、上から読んでも下から読んでも同じ語句や文です。「たけやぶやけた（竹やぶ焼けた）」や「わたしまけましたわ（私負けましたわ）」はよく知られていますね。その他、「よい仲だ、暮らし楽だ、家内よ」は夫婦円満を表す回文ですし、「品川に　今住む住まい　庭がなし」（土屋耕一）は都会の現実が五・七・五の俳句で表現されている傑作です。

　江戸時代に出版された『世話尽（せわづくし）』にも、次のような回文が出てきます。

（６）　参りけり今　竹屋が焼けた　山の木の間（こま）や　泣くな子泣くな　月夜の夜来つ（よきつ）

回文は同じ音が逆の順で繰り返されますので、読んで心地よく、リズム感があります。

　三十一文字（みそひともじ）からなる和歌にも、回文があります。平安時代の末期にできた

和歌を紹介しましょう。

（7）　をしめども　ついにいつもと　ゆくはるは
　　　　くゆともついに　いつもとめじを
　　　　惜しめども　ついにいつもと　行く春は
　　　　悔ゆともついに　いつも止めじを

（藤原基俊『悦目抄』1140 年ころ）

　（7）で、濁点を除くと全くの回文になりますが、濁点の位置は上から読んだ場合と下から読んだ場合で異なっています。これは、回文の和歌では許容範囲です。意味は、「いくら名残惜しくてもいつも最後には行ってしまう春は、悔いが残っても最後はいつも（行くのを）止めることができないものだなあ」となり、ほぼ意味がとおるすばらしい回文和歌といえます。しかし、「ついにいつも」が二回出てきて、しかも初めの「ついにいつもと（行く春）」を「いつもついには行ってしまう春」と訳すのにやや難点がありますし、「ついに」は当時のかなづかい「つひに」と合っていません。

　回文和歌として最もすぐれているのは次の和歌です。

（8）　ながきよの　とをのねぶりの　みなめざめ
　　　　なみのりふねの　をとのよきかな
　　　　長き夜の　十の眠りの　みな目覚め
　　　　波乗り船の　音のよきかな

　（8）の意味は、「長い夜、船に気持ちよく揺られて、うとうととしていた十人が眠りから皆覚めると、波に乗って浮かぶ船の音が心地よく聞こえることだ」となります。「十の眠り」を「十人の眠り」と解釈するところにやや難があるものの、波が船にはね返る心地よい音が聞こえてきそうな、趣のある和歌です。

2.3　折り句

　和歌は、五・七・五・七・七の五つの句からなります。そのそれぞれの句の初めの文字（ひらがな）をつなげると五文字の単語ができるように読むという高等な和歌の表現技巧を**折り句**といいます。折り句とは、五文字の句が和歌に折りこまれた句という意味です。たとえば、伊勢物語の第九段に、主

人公の男（在原業平と思われる）が京都から東国へ旅をする途中、三河の国の八橋というところで詠んだ次の歌が出てきます。

(9) 　からごろも　きつつなれにし　つましあれば
　　　　はるばる来ぬる　たびをしぞ思ふ　　　　（伊勢物語第九段）

この歌は、たまたま沢に咲いていた「かきつばた」を見たある人に、「『かきつばた』の五文字をそれぞれの句の上に置いて旅の心を詠め」と言われて、業平が即座に詠んだとされています。意味は、「唐衣をいつも着ていると次第に肌になじんでくるように慣れ親しんできた妻が京都にいるので、はるばるやってきたこの旅がしみじみと思い出されることだ」となり、折り句以外にも、掛詞（「馴れ（着物が肌になじむこと）」と「慣れ」、「褄」と「妻」）や、お互いに縁（関係）のある**縁語**（ころも・着・馴れ・褄・張る）も使われて、たいへん技巧的な歌となっています。

　この章で扱っていることば遊びをほめたたえる歌を、「汝（な）はをかし（あなたは趣がある）」という五文字を折り込んで詠んでみましょう。

(10) 　なぞなぞに　はやくちことば　をりくよし　かいぶんもよし
　　　　　　　　早口ことば　　　折り句　　　回文
　　　しりとりもよし

「汝」は、ことば遊びのことです。

2.4 早口ことば

　同じような音を持つ語を繰り返し使って、舌がもつれるようにわざと作ったことばを**早口ことば**といいます。早口ことばは、ただでさえ言いにくいのですが、それを早く言うと、ますます舌がもつれて言いにくくなります。人がつっかえるのを聞くのも楽しいし、自分がつっかえても楽しいので早口ことばは、場の雰囲気をなごませ、盛り上げるのに最適なことば遊びです。

　江戸時代には、次のような早口ことばがありました。

(11) 　さるほどに、こんきゃう寺のこんきゃう門きゃう法印が座の真中につつと出て、こんきゃう寺のこんきゃう門法印が法力をあらまし御目に掛け奉る。御宝前にやがて壇をぞ飾りける。百八の燈明の油には、白胡麻からやら、黒胡麻からやら、真胡麻からやら、犬胡麻か

らやら、胡麻から胡麻からひ胡麻から、真胡麻からの油を立てられたり。　　　　　　　　　　　　　　（『琴線和歌の糸』1750年）
はじめの「こんきゃう門きゃう」や最後の「白胡麻からやら〜」が言いにくいところです。

現代の早口ことばベスト10を挙げましょう。

(12)　この竹垣に竹立てかけたのは、竹立てかけたかったから、竹立てかけたのです。

(13)　親亀の上に小亀、小亀の上に孫亀、孫亀の上にひ孫亀。親亀こけたら小亀孫亀ひ孫亀こけた。

(14)　巣鴨駒込駒込巣鴨。親鴨子鴨大鴨小鴨。

(15)　特許許可局許可書。

(16)　隣の客はよく柿食う客だ、客が柿食や飛脚が柿食う、飛脚が柿食や客が柿食う、客も飛脚も柿食う客飛脚。

(17)　生麦生米生卵。

(18)　赤巻紙青巻紙黄巻紙、青巻紙赤巻紙黄巻紙、黄巻紙赤巻紙青巻紙、長巻紙に赤巻紙。

(19)　お綾や親におあやまり。お綾やお湯屋へ行くと八百屋にお言い。

(20)　蛙ぴょこぴょこ三ぴょこぴょこ。合わせてぴょこぴょこ六ぴょこぴょこ。

(21)　武具馬具武具馬具、三武具馬具。合わせて武具馬具、六武具馬具。

(12)では、「竹立てかけたかった」が最も言いにくいところです。(18)では「長巻紙」が、最後の(21)では、「三武具馬具」と「六武具馬具」が言いにくいですね。言いにくいところは反復練習すると、上手に言えるようになります。

2.5　しりとり

「しりとり」は、現在、子供のことば遊びの一つとして定着しています。しりとりは、まず一人が単語を言って、もう一人がひらがなで書いた最後の文字が最初に来る単語を続ける遊びです。たとえば、「すいか」、「かめ」、「めだか」などと続けます。「ごみ」のあとに「みかん」のように最後が「ん」

で終わる語を言った場合、「ん」で始まる単語がなく、次が続かないので負けになります。

　江戸時代のしりとりは、これよりももう少し長い「しり」を取りました。

(22) 「ほんに油断がならぬわいがな」「油断ならぬ大仏か」「こいつはできた。大仏か大仏（だいぶつ）か」「ぶつが三日に夜を明かし」「明石が浜の仇浪（あだなみ）は」「なみは袋に太刀は鞘（さや）」「さやや三勝忍び路（しのびじ）の」「のびじの錦神の幣（ぬさ）」「ぬさの顔みりゃおはもじい」

(『仮名書吾嬬面視（かながきあづまかがみ）』1793年)

(22)では、直前の文の下線部を取って、太字の部分に続いています。このようなしりとりは、意味よりもリズムが大切ですので、声に出して読んで味わってみてください。

2.6　なぞなぞ

「下は大水、上は大火事なあに」。答えは「船火事」。なぞなぞは子供の楽しいことば遊びです。みなさんの中にも、なぞなぞで楽しんだ人は多いことと思います。

　さて、この「なぞなぞ」は、「なにぞなにぞ（何ぞ何ぞ）」から、次のように音韻変化したものです。

(23) 「なぞなぞ」の音韻変化

　　　なにぞなにぞ /nanizo nanizo/ ＞ なんぞなんぞ /nanzo nanzo/ ＞ なぞなぞ /nazo nazo/

まず、/nanizo/ の /i/ が落ちて /nanzo/ になり、さらに /nanzo/ の /n/ が落ちて /nazo/ になりました。「何ぞ」とは「いったい何なのだろうか」という、不思議でよくわからない気持ちを表すことばですから、**なぞなぞ**とは、私たちの常識に挑戦するような、解くにはひとひねり必要な難問です。

　まずは、平安時代の和歌をもとに、なぞなぞをしましょう。次の和歌の空欄（　）に漢字一文字を入れてください。

(24)　ふくからに　秋の草木の　しをるれば

　　　むべ山風を　（　　）といふらむ

(文屋康秀（ふんやのやすひで）)

（風が）吹くとすぐに秋の草木がしおれるので、なるほどそれで、山から吹き降ろす風を（　）というのだろう。

　これは、草木をしおれさせてしまうほど強く吹く風、しかも山から吹き降ろす風を何というかという問題です。さて、何でしょう。

　ヒントは直前の「山風」です。答えは、「山」と「風」を合わせてできた「嵐」です。もう一つ、出題します。同じように、次の和歌の空欄（　）に漢字一文字を入れてください。

　（25）　雪降れば　木毎に花ぞ　咲きにける
　　　　いづれを（　）と　分きて折らまし　　　　　　（紀友則）

　　　雪が降って、それぞれの木にいっせいに花が咲いたよ。どの花を（　）の花だと見分けて折ったらよいのだろう。

　この和歌の作者、紀友則が手折ろうとしている花は何でしょう。歌の意味よりも、漢字に目を向けてください。ヒントは「木毎に」です。

　「木」と「毎」を合わせたら何になりますか。そうですね。答えは「梅」です。以上は和歌をもとにして作ったなぞなぞでした。次に、本格的ななぞなぞに移ります。（26）は、『なぞだて』（1516年）から取ったものです。

　（26）　雪のうちに参りたり。（雪が降っている間に参上しました）

これはいったい何でしょうか。とてもむずかしいなぞなぞです。この場合、意味を度外視して、次のようにひらがなの文字で考えます。

　（27）　「ゆき」のうちに「ま」入りたり。

「ゆ」と「き」の中に「ま」を入れて、答えは「ゆまき（湯巻）」です。「湯巻」は、昔お風呂に入るときに腰に巻いた布のことで、今はあまり使いませんね。

　もう一つ、『なぞだて』から出題します。

　（28）　垣の中（うち）の笹（垣根の中に笹がある）

これも、意味は度外視して、ひらがなで考えてください。「かき」の中に「ささ」を入れるとどうなりますか。答えは「かささき（カササギ）」です。

　次は、『宣胤卿記』にあるなぞなぞです。

　（29）　酒のさかな（酒の肴）

ヒントは次です。

(30) 「さけ」の逆名

逆名とは、逆さに読んだ名のことです。答えは、「さけ」を逆さに読んで「けさ（袈裟）」です。(26)、(28)、(29)のどれも、表向きはちゃんとした意味があって、その背後にことば遊びが隠されているところがミソですね。

最後に、『体源抄』(1515年)のなぞなぞに挑戦してください。

(31) 母には二(ふた)たびあひたれど父には一度(ひとたび)もあはず。
　　　母には二回会ったけれど、父には一度も会わない

これも、表向きの意味は、答えとは全く関係がありません。実はこれは、発音に関係があります。「母」、「父」という語の発音です。

「はは」と発音するときは二回合って、「ちち」と発音するときは一度も合わないものは何でしょう。これは、当時の「はは」の発音を知る上で貴重な資料です。現代の「はは」の発音では、答えが出ません。当時、「はは」と発音して二回合ったものは、何だったのでしょうか。

答えは、「くちびる」です。当時「母」の発音は、/haha/ ではなく、/ɸaɸa/（/ɸ/ は無声両唇摩擦音。上唇と下唇が近づいて発音された）だったので、唇が二回合ったわけです。ハ行子音は、歴史的に次のような変化をたどりました。

(32) ハ行子音の歴史的変化
　　　/p/ → /ɸ/ → /h/

現代のハ行音の中で、「ふ」の発音 [ɸɯ] だけは、未だに上唇と下唇が近づいて発音されます。しかし、それ以外の「は」「ひ」「へ」「ほ」の子音の発音は [h] になりました。もともとのハ行子音 /p/ は上唇と下唇がくっついていましたので、ハ行子音の変化は、時代とともに次第に上唇と下唇が離れていく変化といえます。

2.7　リズムで覚える記憶術

人の記憶というものはなかなか長続きしないものです。特に試験前には、何とか効率のいい記憶法はないものかと考えたりします。最後に、リズムによる記憶術をいくつか紹介しましょう。

① ころもへん（ネ）のつく漢字

　「ころもへん（ネ）」は、「しめすへん（ネ）」とまぎらわしいですね。高校で国語教師をしていたとき、生徒のまちがいをよく見つけました。「ころもへん（ネ）」は5画、「しめすへん（ネ）」は4画です。大学入試では、1画の違いで間違いになります。たとえば、「大」に点をつけると「犬」になり、違う字になってしまうからです。そこで、私の編み出した次の記憶術を伝授します。

　（33）　カツとキンピラ、初歩の裕福（カツとキンピラは、貧しい人たちにとって高嶺の花。そのような人たちが、カツとキンピラを食べることができるようになれば、それはもう裕福の始まり、つまり、裕福への第一歩である、の意）。

これに漢字を当てると、「褐と襟被裸、初補の裕複」となります。常用漢字表の中でころもへんのつく漢字はこの八つだけです。常用漢字外では「褌（ふんどし）」や「裃（かみしも）」「裾（すそ）」などがありますが、これらはみな、衣に関係があるので「ころもへん」だとわかります。さあ、これで「ころもへん」と「しめすへん」で悩むことはなくなりましたね。

② 古典文法

　古典文法も覚えることがたくさんあってたいへんです。そこで、二つほど覚え方を紹介します。

　（34）　きつぬ、けりたり。けむたし（きつねを蹴ったら、煙が出てきて、ああ煙たい）

これは、活用語の連用形に接続する助動詞です。

　（35）　さみしい（サ未四已）

これは、完了・存続の助動詞「り」の接続で、サ変動詞の未然形、四段活用動詞の已然形につきます。

③ 日本史の年号

　日本史の年号を俳句で覚えましょう。年代の古い順にいくつか紹介します。

(36) 男の王　不作(239)で卑弥呼が　女王に

239年、邪馬台国の卑弥呼が魏に使いを送りました。魏志倭人伝には、男の王ばかり7、80年続き国が乱れたため、女王卑弥呼を立てた、とあります。男の王は不作で、出来が悪かったため、女王卑弥呼が王になりました。卑弥呼は30ほどの小国からなる邪馬台国を従えたそうです。

(37) ゴミは(538)不要　廃仏論者の　物部氏

538年、百済から仏教が伝来しました。仏教伝来後、物部氏は廃物論を、蘇我氏は崇仏論を唱え対立しました。物部氏は仏教をゴミ扱いしたわけです。結局、蘇我氏が物部氏を倒し、崇仏論が勝利しました。

(38) ごくさ(593)えた　政治だ摂政　聖徳太子

593年、聖徳太子が推古天皇の摂政になりました。聖徳太子は、個人の才能や功績によって位を与える冠位十二階の制を定めたり、皇室の尊厳を強調する憲法十七条を定めたりして、さえた政治を行いました。

(39) 隋に向け　群れな(607)す一団　妹子連れ

607年、小野妹子が遣隋使として隋に行きました。小野妹子は607年には一人で隋に行きましたが、608年には高向玄理、僧旻、南淵請安を連れて、群れをなして行き、中国から新知識を学びました。

(40) 我は天武(6)　何(72)も恐れる　ものはない

672年、壬申の乱が起こりました。天智天皇の死後、皇位継承をめぐる大海人皇子と大友皇子の争いで、大海人皇子が大勝しました。皇子は明日香浄御原宮で即位して天武天皇になりました。

3. おわりに

日本人のことば遊びをいくつか紹介しました。私たちの先祖が、いかに遊び心旺盛だったかがわかったと思います。この精神は、現代にも、子どもたちの作るなぞなぞ、若い人たちの作る語呂合わせ、親父たちの作る親父ギャグなどに受け継がれています。ことば遊びで、人生を楽しく過ごしましょう。

第 12 章のキーワード

掛詞　回文　折り句　縁語　早口ことば　しりとり　なぞなぞ

参考文献

『ことば遊び』鈴木棠三　1975 年　中央公論社
　　「2　ことば遊び」の「2.1　掛詞」～「2.6　なぞなぞ」の記述の大半はこの本より引用。
『回文 ことば遊び辞典』上野富美夫編　1997 年　東京堂出版
　　「2.2　回文」で回文を二つ引用。
『日本語の発声レッスン』川和孝　1988 年　新水社
　　(12)～(21)の早口ことばは「II　日本語発声の基本訓練」の「母音の発音練習」「子音の発音練習」(106–127 ページ)より抜粋して引用。

推薦図書

ことば遊びの歴史を詳しく知りたい人に
　　⇒『ことば遊び』鈴木棠三　1975 年　中央公論社
いろいろな回文を知りたい人に
　　⇒『回文 ことば遊び辞典』上野富美夫編　1997 年　東京堂出版
いろいろな早口ことばを知りたい人に
　　⇒『日本語の発声レッスン』川和孝　1988 年　新水社
若者ことばの語呂合わせ(もじり)をもっと知りたい人に
　　⇒『若者語を科学する』米川明彦　1998 年　明治書院

練習問題

1 次の早口ことばを言ってみましょう。はじめはゆっくり、次第に早くしていってください。
   ①この竹垣に竹立てかけたのは、竹立てかけたかったから、竹立てかけたのです。
   ②特許許可局許可書。
   ③生麦生米生卵。

2 次の和歌の（ ）に当てはまる漢字を一文字入れてください。和歌の中の漢字の組み合わせを考えるとできます。
   ことごとに　悲しかりけり　むべしこそ　秋の心を　（　）といひけれ
   （藤原 季通）
   （何かにつけて悲しいことだなあ。それもそのはず、秋の心を（　）というからなあ）

3 次①から③は若者ことばです。それぞれどういう意味でしょうか。答えてください。
   ①みむめも
   ②書生の羊羹
   ③ MMG

4 次の①から③は、江戸時代のなぞなぞです。答えは何でしょう。①、②はひらがなで、③は漢字とひらがなで考えてください。
   ①屋の軒のあやめ（『宣胤卿記』）。
   ②妻戸の間より帰る（『なぞだて』）。
   ③桃を百賜ふれ、牛を返し申さん（『酔醒記』）。

5 次の①から⑤の俳句は、日本史の年号を表しています。下線部をヒントにして、それぞれ年号を答えてください。

①遣唐使　廃止の提案　博士より
②いざさらば　さらば鎌倉　幕府逝く
③ザビエルの　以後よく広まる　キリスト教
④異国への　一路を裂くは　鎖国かな
⑤ペリーさん　いやでござるよ　黒船は

索引

R
ru 動詞 143
U
u 動詞 143
あ
あいまいな概念 87
アクセント 28
アクセントの滝 29
アステリスク 79, 115
アスペクト 144, 149, 198
頭高 29
アファレシス 46
アフリカ系アメリカ人地方英語 197
アポコピー 46
アメリカ標準英語 197
アルファベット 58
い
言い換え 83
言う行為 101
異音 38
イ音便化 179
イ形容詞 139
一語文期 4
意味 77
意味特徴 86
意味の循環 78
意味範疇 90

意味論 78
隠語 199
インダス文字 59
イントネーション 30
隠喩 89
う
ウェルニッケ野 9
ウ音便化 180
受け手尊敬語 168
受身 146
受身形 146
牛山初男 194
右脳 7
埋め込み文 117, 131
え
英語 42, 165, 197
縁語 213
遠称 139
円唇母音 26
お
大開き母音 26
奥舌 26
奥舌母音 26
尾高 29
音の減少 181
音の追加 181
折り句 212
音 63
音位転換 48
音韻 37
音韻変化 45
音韻論 37

224

音響音声学　33
恩恵関係　162
音声　21
音節　27
音節文字　57, 62
音素　37
音素リスト　40
音便化　179

か

会意　64
外延　85
開音節言語　13
下位語　82
開始　150
概念　87
概念体系　87
回文　211
外来語　173
会話行為　101
会話の格言　100
顔を脅かす行為　103
顔を保つ行為　103
ガ行鼻濁音　32
カ行変格活用　122
角回　9
学習性　4
格助詞　127
掛詞　210
下降調　30
過去形　141
仮借　64
カタカナ　62, 67
活用　120
活用形　120

活用語尾　121
活用の種類　121
仮定形　120, 144
かなづかい　68
可能形　145
上一段活用　122
含意　84
漢音　63
関係の格言　100
簡潔表現　137
漢語　173
韓国語　14, 41, 61, 164
漢字　60, 62
間接受身　147
間接会話行為　103
間接受動態　147
完全同化　49
感動詞　125
感動文　118
換喩的変化　182
完了　149

き

偽　85
記号　77
擬似並列文　117, 130, 131
記述的　15
基礎語彙　13, 186
規範的　15
起伏型　29
疑問文　118
逆接　124
逆行同化　48
九州方言　193
響音度　31

強化　47, 181
強弱アクセント　28
共通語　195
共鳴腔　21
協力の原理　100
切り取り　176
近称　139

く

句　118
空間　90
楔形文字　58
屈折語　12
グライス　100
訓　63

け

敬語　157
敬語の五分類　161, 167
敬語の三分類　161
形声　64
継続　149
継続動詞　149
契沖　69
形容詞　123, 138
形容動詞　123, 138
下官集　68
激音　41
結果　149
原型的　88
言語外的要因　195
言語内的要因　195
現在形　141
謙譲語　158
現代かなづかい　69

こ

語彙化　176
口蓋化　49, 71
口腔音　25
硬口蓋音　24
合成　57, 176
膠着語　12
高低アクセント　28
肯定形　140
肯定的顔　103
公的自己イメージ　103
合拗音　69
呉音　63
語幹　121
国語　10
こそあどことば　124, 139
語族　12
五段活用　122, 143
小開き母音　26
語用論　97
語用論標識　108
孤立語　12
混交　176
混種語　174
混成　176

さ

再構　12
サ行変格活用　122
指図的　102
左脳　7

し

恣意性　1

子音　22
子音群喪失　46
子音挿入　47
使役・受身形　148
使役形　145
ジェンダー語　201
時間　91
歯茎音　24
歯茎硬口蓋音　24
指事　64
指示性　3
指示代名詞　124, 139
質　91
失語症　9
質の格言　100
質問　102
自動詞　122
下一段活用　122
ジャーゴン　199
社会言語学　191
社会標識　199
借用　13
借用語　13
弱化　45, 181
重音脱落　47
終止形　120
修飾　117
修飾語　117
終助詞　127
従属節　117
終了　150
主節　117
受動態　146
シュメール文字　56
瞬間動詞　149

順行同化　48
順接　124
上位語　82
象形　64
象形文字　56, 72
上下関係　163
上昇調　30
所記　77
助詞　127
叙述的　102
助動詞　125
シラブル　27
自立語　119, 162
しりとり　214
真　83
シンコピー　46
親疎関係　163
真の条件　84
新方言　195
心理的　81, 91

す

数詞　124
スラング　199
する行為　101

せ

声帯　21
西部方言　193
成分　128
声門音　24
脊髄　8
セコイア　55
節　116, 130
接辞　128

接続詞　124
接続助詞　127
絶対敬語　165
接頭語　162
接頭辞　128
接尾語　162
接尾辞　128
ゼロ派生　178
宣言　102
専心的　102
前舌　26
前舌母音　26
前提　98
専門用語　199

そ

草書体（草がな）　66
創造性　4
相補分布　39
促音　27
促音便化　180
祖語　12
尊敬語　158

た

対義語　80, 86
体言　119, 162
対象敬語　168
態度の格言　100
代名詞　124
多義語　80
夕形　144
脱発話化　176
他動詞　122
単音　22, 37

単音文字　58, 62
段階　88
単語　119
断定回避　105
単文　116
談話標識　108
談話分析　108

ち

チェロキー文字　55, 61
置換性　5
中国語　63, 167
中称　139
抽象化　90
中舌　26
中舌母音　26
調音　22
長音　27
調音音声学　21
調音者　22
調音点　22
調音法　22
聴覚音声学　33
直接受身　146
直接会話行為　103
直接受動態　146

つ

津軽弁　191
つまる音　27

て

定家かなづかい　68
丁重語　160
丁寧形　140

丁寧語　158
丁寧さ　103
テ形　144
転換　176
典型性　88
テンス　148
転注　64
電報文期　4

と

唐音　63
同音異義語　80
同化　32, 48
動詞　121
東条操　192
東部方言　193
時枝誠記　123
トルコ語　18

な

内外関係　163
内包　85
中高　29
中開き母音　26
ナ形容詞　139
なぞなぞ　215
軟口蓋音　24
喃語期　3

に

二語文期　4
二重性　5
日本語　10
日本語教師　152
日本式　39, 71

日本ローマ字会　71
人称代名詞　124

ね

ネガティブフェイス　103

の

濃音　41
脳幹　8
能記　77
能動態　146
脳梁　9

は

はえぬきの人　195
ハ行転呼　68
拍　27
破擦音　25
弾音　25
橋本進吉　118
派生　176
撥音　27
撥音便化　180
はねる音　27
早口ことば　213
破裂音　24
ハワイ語　43
ハングル　61
反復　149

ひ

ヒエログリフ　57
非円唇母音　26
鼻音　25
美化語　161

鼻濁音化　32
否定形　140
否定的顔　103
比喩的変化　183
表意文字　56, 62
表音文字　57, 62
表現的　102
標準語　195
ひらがな　62, 66
品詞　119

ふ

不規則動詞　143
副詞　125, 141
副助詞　127
複文　116
部首　65
藤原定家　68
付属語　120, 162
普通形　140
物理的　81, 91
部分同化　49
ブローカ野　9
プロミネンス　31
文　116
文節　118
文法　115
文法論　115
分離脳実験　9

へ

平音　41
閉音節言語　13
平叙文　118
平板型　29, 199

並立成分　129
並列文　117
ヘボン式　39, 70
弁別特徴　44

ほ

母音　22
母音挿入　47
母音調和　12, 18
母音の無声化　31
方言　191
方言区画　192
ポジティブフェイス　103
ポライトネス　103
ポライトネス理論　103
本土方言　193

ま

摩擦音　25
万葉がな　66

み

未然形　120
ミニマルペア　38

む

矛盾　85
無声音　24

め

名詞　123
名詞修飾　140
命令形　120
命令文　118
迷惑受身　147

も

モーラ　27
文字　55
本居宣長　131
もの　90
森岡健二　128

や

やりもらい動詞　150

ゆ

融合　47
有声音　24
有声音化　182

よ

拗音　71
用言　119, 162
四つ仮名　70
四大文明　56

ら

ライマンの法則　50
ラ抜きことば　15, 145

り

リーバス書式　57, 60
利害関係　163

六書　64
琉球方言　193
両唇音　23
量の格言　100

る

類義語　78
類型学　12
類推　185

れ

歴史的かなづかい　69
連体形　120
連体詞　125, 141
連体成分　129
連濁　49
連用形　120
連用成分　128

ろ

ローマ字　62, 70

わ

和英語林集成　70
若者ことば　97, 112, 177, 221
和語　173
和字正濫鈔　69

【著者紹介】

日野資成（ひの　すけなり）

福岡女学院大学名誉教授
1954年、神奈川県生まれ。2000年、ハワイ大学大学院言語学部博士課程修了（博士）。
専門：言語学、日本語学、日本語教育。
主な著書と論文：『形式語の研究』（2001　九州大学出版会）、『文法化』P.J. ホッパー・E.C. トラウゴット著（訳　2003　九州大学出版会）、「形式語の今むかし」『日本語学』（2006.12　明治書院）、『語彙化と言語変化』L.J. ブリントン・E.C. トラウゴット著（訳　2009　九州大学出版会）、『弱みを強みに変える　本気が目覚めるアクティブ・ラーニング』（共著　2015　梓書院）、『意味変化の規則性』E.C. トラウゴット・R.B. ダッシャー著（訳　2019　ひつじ書房）。

ベーシック
現代の日本語学

A Basic Guide to Contemporary Japanese Linguistics
Sukenari Hino

発行	2009年4月10日　初版1刷
	2024年3月21日　　6刷
定価	1700円+税
著者	©日野資成
発行者	松本功
装丁者	大崎善治
印刷製本所	三美印刷株式会社
発行所	株式会社 ひつじ書房

〒112-0011 東京都文京区千石2-1-2　大和ビル2F
Tel.03-5319-4916　Fax.03-5319-4917
郵便振替 00120-8-142852
toiawase@hituzi.co.jp　https://www.hituzi.co.jp/

ISBN978-4-89476-438-5　C1080

造本には充分注意しておりますが、落丁・乱丁などがございましたら、小社かお買上げ書店にておとりかえいたします。ご意見、ご感想など、小社までお寄せ下されば幸いです。

ベーシックシリーズ

ベーシック英語史
家入葉子著　1,600 円＋税

ベーシック日本語教育
佐々木泰子編　1,900 円＋税

ベーシック生成文法
岸本秀樹著　1,600 円＋税

ベーシック応用言語学　第 2 版
石川慎一郎著　2,100 円＋税

ベーシックコーパス言語学　第 2 版
石川慎一郎著　1,700 円＋税

ベーシック新しい英語学概論
平賀正子著　1,700 円＋税